_______________ 님의 소중한 미래를 위해

이 책을 드립니다.

테드로 세상을 읽 다

테드로 세상을 읽다

박경수 지음

테드로 배우는 인생 공부 TED

메이트북스

메이트북스 우리는 책이 독자를 위한 것임을 잊지 않는다.
우리는 독자의 꿈을 사랑하고,
그 꿈이 실현될 수 있는 도구를 세상에 내놓는다.

테드로 세상을 읽다

초판 1쇄 발행 2019년 10월 7일 | **지은이** 박경수
펴낸곳 ㈜원앤원콘텐츠그룹 | **펴낸이** 강현규 · 정영훈
책임편집 이수민 | **디자인** 최정아
마케팅 이기은 | **홍보** 이선미 · 정채훈 · 정선호
등록번호 제301-2006-001호 | **등록일자** 2013년 5월 24일
주소 04778 서울시 성동구 뚝섬로1길 서울숲 한라에코밸리 303호 | **전화** (02)2234-7117
팩스 (02)2234-1086 | **홈페이지** www.matebooks.co.kr | **이메일** khg0109@hanmail.net
값 15,000원 | **ISBN** 979-11-6002-253-7 03190

이 도서의 국립중앙도서관 출판시도서목록(CIP)은 e-CIP홈페이지(http://www.nl.go.kr/ecip)에서 이용하실 수 있습니다.(CIP제어번호 : CIP2019036608)

내가 멀리 보았다면
그건 거인들의 어깨 위에
올라서 있었기 때문이다.

• 아이작 뉴튼(영국의 과학자) •

삶의 지혜를 배우는 진짜 공부의 시작, 테드

가끔 집에 있는 물건들을 보면 집에 있는 가전제품 중에서 제가 구매한 것은 별로 없다는 생각이 들 때가 있습니다. 정수기, 비데, 공기청정기 등 모든 것이 렌탈입니다. 이것저것 렌탈을 하다 보면 월 10만 원은 기본입니다.

이뿐만 아닙니다. 유아용품, 명품가방, 청소기, 반려동물 제품 등 다양한 것들을 렌탈로 이용할 수 있습니다. 만약 명품가방을 사고 싶은데 돈이 없다면, 특별한 일이 있을 때 잠시 빌릴 수도 있습니다.

이렇게 공유 플랫폼이 대세인 지금 "지식도 무료로 렌탈하라"고 여러분에게 말하고 싶습니다. 그 대상은 바로 테드입니다. 테드를 통해 여러분은 삶의 지혜를 배우는 진짜 공부를 시작할 수 있습니다. 그리고 그 공부는 여러분을 다른 사람과 차이가 나게 만들어줄 것입니다.

사실 테드는 많은 사람이 영감을 얻기 위해 찾는 곳 중의 하나입니다. 저 또한 스스로를 계발하기 위해 테드 강연을 보며 제가 알지 못하는 세상으로 자주 빠지곤 합니다. 그래서 누군가가 저에게 새로운 아이디어가 필요하다고 이야기한다면, 저는 테드를 추천합니다.

테드는 이제 많은 사람이 알고 있지만 여전히 새로운 아이디어의 원천이고, 테드의 다양한 경험과 지식이 사람들을 감동시키고 있습니다. 물론 대학이나 대학원을 가거나, 서점에서 관심분야 서적을 읽으며 공부를 할 수도 있습니다. 하지만 수많은 사람의 경험과 지식을 학습함에 있어 테드보다 더 빠르게, 더 손쉽게 할 수 있는 곳은 없다고 생각합니다.

만약 누군가가 자신의 삶의 목적을 상실하고 방황하고 있다면, 저는 이 책에서 가장 먼저 나오는 테드 강연 '감동 없는 삶보다 몰입의 삶을 살아라(테드 강연 제목은 Inspiring a life of immersion)'를 보라고 이야기할 것입니다.

만약 자신의 리더십에 대해 고민하고 있는 사람이 있다면, 테드 강연 '마이크로 매니저가 되지 않는 방법(테드 강연 제목은 Confessions of a recovering micromanager)'이 그 사람에게 많은 도움이 될 것이라고 추천할 것입니다.

테드는 단순한 강연이 아닙니다. 이처럼 일상에 대한 고민과 걱정거리에 도움이 되는 다양한 이야기가 있습니다.

그래서 테드의 수많은 강연을 보며 저는 어떻게 하면 사람들의 삶에 필요한 내용을 엮을 수 있을까 고민했습니다. 동일한 강연을 계속 보기도 하고, 저자들의 책이나 홈페이지도 찾아보면서 저자의 경험이 사람들의 삶에 어떻게 도움이 될 수 있을지도 생각했습니다. 특히 테드의 수많은 강연을 어떻게 구분할지 고민했습니다. 고민 끝에 '사람, 리더, 경영, 기술'로 구분하는 것이 좋다고 생각하고 이와 관련된 강연을 제시했습니다.

이런 구분은 매우 자의적이지만 결국 모든 지식의 습득은 사람을 위한 것이기 때문에 '사람'이라는 키워드를 첫 번째로 제시했습니다. 그리고 사람과 연계해서 '리더'를, 그 다음으로 리더 하면 떠오르는 '경영'을, 마지막으로는 변화하는 환경에 대한 이해가 필요해 '기술'을 제시했습니다.

각 영역의 이야기들 속에도 순차적으로 생각해볼 수 있도록 주제들을 제시했습니다. 예를 들어 첫 장 '사람' 편에서는 '몰입, 일, 의미, 동기부여, 쉼, 소통, 성공' 순으로 이야기를 정리했습니다. 몰입을 통해 자신의 일과 삶의 의미를 생각해보고, 일과 삶의 의미가 정리되면 어떻게 해야 지속적으로 동기를 부여할 수 있을지 이야기합니다. 이후에는 쉼과 소통의 필요성을 이야기하며, 이런 모든 과정을 통해 성공보다 삶 그 자체를 즐길 수 있도록 소개했습니다.

이런 이야기의 흐름은 저의 관점입니다. 여러분은 여러분 나름대로의 흐름을 만들어 이 책을 읽을 수 있습니다. 그래서 이 책을 스스로가 필요한 사항을 중심으로 읽으며 자신의 삶을 고민해보면 됩니다.

각 영역별 이야기를 읽다 보면 여러분이 많이 본 내용도 있습니다. 하지만 많이 봤다고 그 가치가 사라지는 것은 아닙니다. 또한 저의 관점이 담긴 이야기도 책에 담아봤습니다. 전체적으로는 테드의 이야기가 중심이지만 각 이야기와 관련된 저의 경험과 지식도 중간중간 담았습니다.

저의 이야기를 담기 위해 강연과 키워드를 선별할 때처럼 강연자가 말하고자 하는 바를 더 정확하게 이해하고자 강연자의 서적과 홈페이지를 보기도 했습니다. 저에게 있어서는 이 자체가 매우 유익한 하나의 공부였고, 저의 삶을 성찰해보는 값진 시간이었습니다.

저는 단지 이 책을 통해 여러분이 테드 강연자의 삶과 지식을 경험해보라고 말하고 싶습니다. 모든 것을 직접 경험해보면 좋겠지만 세상은 너무 빠르게 변하고, 모든 것을 경험하기에는 시간이 부족합니다. 모든 것이 연결되는 시대입니다. 저는 이 책을 통해 여러분이 테드 강연자와 연결되기를 바랍니다. 그 연결을 통해 여러분만의 시각을 가지게 되길 원합니다.

단순히 그들의 삶과 지식을 경험하는 것을 넘어 여러분 스스로 자신의 삶과 지식을 누군가에게 또 전달해줄 수 있으면 좋겠습니다. '널리 퍼져야 할 아이디어(Idea Worth Spreading)'라는 테드의 모토처럼 말이죠. 무언가를 소유하기보다는 공유하며 나만의 지식 공유 플랫폼을 만들어보는 것이죠. 누군가에게 지식을 공유하는 것처럼 의미 있는 일은 없습니다.

"이 책이 여러분의 지식 공유 플랫폼의
시발점이 되기를 바랍니다."

Technology
Entertainment
Design

차례

모든 공부의 핵심은 사람입니다. 사람을 통해
우리는 삶에 몰입하고 행복을 느끼고
무언가를 할 수 있는 힘을 얻습니다.
때로는 사람 때문에 힘이 들어 쉼이 필요하지만,
그렇다고 특별한 시크릿이 존재하지는 않습니다.
테드를 통해 사람 공부를 이제 시작해볼까요?

01

테드와 사람

본질에 집중하라

감동 없는 삶보다 몰입의 삶을 살아라

Inspiring a life of immersion

진심으로 몰입해본 적이 있습니까?
몰입을 통해 어떤 느낌을 받았나요?

지금 우리에게 가장 필요한 것은 무엇일까요? 나를 존중해주는 것, 아직은 제대로 느껴보지 못한 행복, 아니면 나를 위한 시간…. 물론 이 모든 것들은 다 중요합니다. 하지만 더 중요한 것이 있습니다. 바로 '몰입하는 삶'입니다.

한번 생각해볼까요? 여러분은 어떤 일을 하면서 몰입해본 적이 있습니까? 그때의 몰입을 통해 여러분은 어떤 느낌을 받았나요? 지금도 몰입했던 그 당시를 생각하면 가슴이 뛰나요? 갑자기 열정이 솟아나나요? 만약 가슴이 뛰고 열정이 솟아나는 느낌을 받았다면 여러분은 몰입의 삶이 어떤 삶인지 알고 있다는 것입니다. 수천 개의 테드 강연 중에서 '몰입의 삶'에 대한 강연을 가장 먼저 소개하고자 합니다.

행복을 추구하기 전에 몰입이 필요하다

사람들은 행복을 추구합니다. 하지만 행복을 추구하기 이전에 몰입부터 해야 합니다. 몰입 뒤에 행복이 오기 때문입니다.

우리의 삶을 풍성하게 하는 것은 '행복'이라는 목표가 아닙니다. 무언가에 깊이 빠져드는 것입니다. 재클린 노보그라츠Jacqueline Novogratz는 사람의 삶을 풍성하게 해주는 일을 하는 사람입니다. 그녀는 전 세계 빈곤 퇴치를 위한 '아큐먼Acumen'이라는 단체를 이끌고 있습니다.

재클린 노보그라츠는 테드 영상에서 몰입하는 삶의 가치에 대해 다음과 같이 말합니다.

"아무런 감동이 없는 삶보다
몰입하는 삶이 더 낫다."

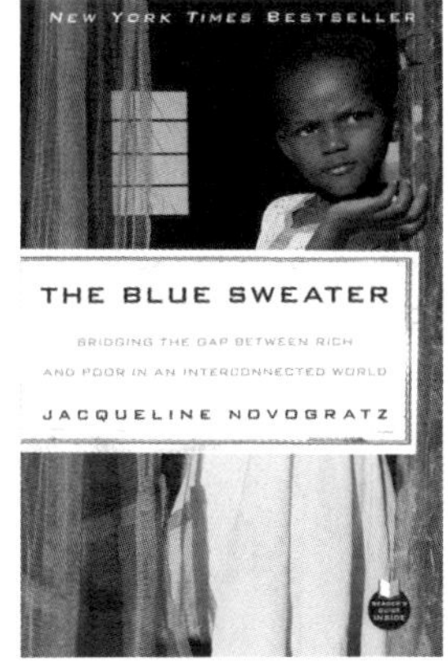

● 재클린 노보그라츠의 저서 『블루 스웨터(The Blue Sweater)』
출처 : goodreads.com

사람들은 항상 무언가를 하고 싶다고 말합니다. 하지만 정작 그 무언가를 하기 위해 치뤄야 하는 대가는 말하지 않습니다. 또 무언가를 과감히 해보지 않거나 시도해보지 않았을 때의 대가는 생각하지 않습니다. 행동이 있으면 결과가 있고, 그 결과를 통해 사람은 한 걸음 더 나아갑니다.

'몰입' 하면 떠오르는 사람이 있습니다. 미하이 칙센트미하이 Mihaly Csikszentmihalyi입니다. 클레어몬트대학교 피터드러커대학원의 심리학 교수인 그는 몰입 관련 다양한 책을 집필했습니다.

그는 '몰입이란 삶이 고조되는 순간에 물 흐르듯이 행동이 자연스럽게 이루어지는 느낌을 표현하는 말'이라고 합니다.* 즉 몰

---

* 미하이 칙센트미하이 지음, 이희재 옮김, 『몰입의 즐거움』, 해냄출판사, 2010.

입은 몰입을 느끼는 행동 속에서 내가 지금 무엇을 하고 있는지 느끼지 못합니다. 단지 그 순간을 즐길 뿐이죠.

자신이 좋아하는 어떤 것을 하고 있을 때 '내가 지금 무엇을 하고 있지'라고 생각하는 사람은 없을 것입니다. 아무 생각 없이 행동을 하고 있고, 그 순간 의식과 행동은 하나가 됩니다.

예를 들어 책을 읽으면서 '내가 책을 읽고 있구나'라고 생각하지 않습니다. 그래서 독서에 몰입했을 때에는 30분 정도밖에 읽지 않은 것 같은데 1시간 이상 지났기도 합니다.

몰입의 삶을 산 사람들은 무엇이 다른가?

여기에서 소개하는 테드 강의의 주인공인 재클린 노보그라츠 또한 몰입의 삶을 산 몇 사람을 이야기합니다.

캄보디아에서 1970년대에 대량학살이 일어난 적이 있었습니다. 엘리트, 지식인, 예술가, 무용가들이 대상이었습니다. 학살속에서 캄보디아 전통 무용가는 30만 명 중 단 30명만 생존했습니다. 당시 그녀들은 피난민 캠프의 간이침대에 누워서도 전통 무용의 단편들을 기억하려고 노력했습니다. 그녀들은 전쟁이 끝난 후에 다시 모여 자신들은 이제 나이가 너무 많으니 다음 세대가 아닌 그 다음 세대를 훈련시키기로 결정했습니다.

재클린 노보그라츠는 1990년대 초반에 이 30명의 생존 여성 중 3명의 여성을 만나 이야기를 들었다고 합니다. 그녀는 당시의 처참한 상황 속에서도 전통 무용을 생각하는 그 몰입이야말로 인간이 간절히 바라는 방식이라고 생각했습니다. 단지 자신들의 과거에서 가장 아름다운 것을 기리고 미래의 희망을 만들어가는 것에 열중했기 때문입니다.

그래서 전통 무용이 후대에 잘 이어졌는지에 대해서는 기업처럼 구체적인 성과를 측정할 수는 없습니다. 모든 일이 다 측정될 수 있다면 삶이란 너무 재미없을지도 모릅니다. 하지만 우리는 이런 측정할 수 없는 행동에 시간을 투입합니다. 그리고 새로운 미래를 준비합니다. 그녀가 만난 3명의 무용가는 미래의 후손들을 위한 삶에 몰입하고 있었습니다. 이를 보면 미래는 측정할 순 없지만 누군가가 즐길 수 있는 세상을 만들어가고 있다는 것은 분명합니다.

재클린 노보그라츠는 수라즈 수드하카르Suraj Sudhakar라는 여성도 만났는데, 그녀는 또 다른 관점에서 몰입의 삶을 살고 있었습니다. 그녀는 다른 사람의 관점에서 자신을 놓고 그런 관점에서 생각하는 능력이 뛰어난 사람입니다. 재클린 노보그라츠는 이를 '도덕적 상상력'이라고 부릅니다. 수라즈 수드하카르는 세계에서 가장 큰 빈민가인 케냐 키베라 출신의 청년들과 함께 빈민가에 사는 사람들을 위해 빈민가에서 100명 규모의 독서모임을 시작했습니다. 수많은 테드 작가들의 글을 읽고 사업계획 공모전을 열기도 했습니다. 이뿐만 아니라 테드x(지역적이고 스스로 조직된 테드 형식의 행사를 의미한다)를 하기도 했습니다.

빈민가에서 100여 명의 사람들을 위한 독서모임을 여는 것은 쉬운 일은 아닙니다. 하지만 그 일에 몰입을 하면서 또 다른 몰입 활동을 찾아내고, 이런 활동은 결국 삶 자체를 바꾸는 기반이 되었습니다. 어쩌면 이는 키베라 출신의 청년 알렉스Alex가 한 다음의 말로 정리될 수 있을 것 같습니다.

"우리(빈민가 사람들)는 예전에
쓸모없는 사람(nobodies)이라고 생각하고는 했는데,
지금은 뭔가 의미있는 사람처럼(somebodies) 느껴집니다."

이 말을 통해 언뜻 사소하게 느껴질 수도 있는 독서모임이 사람들의 삶을 어떻게 탈바꿈시킬 수 있는지 알 수 있습니다. 이 독서모임은 빈민가에 있는 사람도 똑같은 사람임을 세상에 널리 알렸습니다.

빈민가의 사람들에게 필요한 것은 우리가 언론이나 책에서 보듯 에이즈 치료, 소액금융 같은 것만이 아닙니다. 세상의 다양한 아름다운 삶을 빈민가에 있는 사람도 즐길 수 있습니다. 그래서

빈민가의 이 독서모임은 사진기자, 창작자, 그래피티 아티스트, 교사, 사업가 등 다양한 사람들로 구성되어 있습니다.

자신이 아닌 타인을 위한 몰입

몰입의 삶이란 것이 꼭 자신만을 위한 삶은 아닙니다. 몰입을 하다 보면 누군가를 위한 삶을 살 수도 있고, 그 삶 속에서 분명 어떤 대가를 치르기도 하지만 사람과 사람의 관계를 진실되게 만들 수도 있습니다.

재클린 노보그라츠는 이런 사람들을 위해 아큐먼 펀드Acumen Fund에서 자선기금을 받아서 '인내심이 필요한 자본patient capital'에 투자합니다. 이 자본은 가난한 사람들이 자선기금의 수동적 수혜자가 아닌 내실 있는 변화의 주체가 되도록 하는 것이 목적입니다. 가난한 사람들 스스로 문제를 해결하고 결정할 수 있도록 돕는 기업가들에게 이 자본을 투자합니다.

이 투자는 10~15년 동안 이루어집니다. 그녀는 50개의 회사에 5천만 달러 이상을 투자해왔고, 이 잊혀진 시장에서 무려 2억 달러를 가져왔습니다. 투자를 받은 기업들은 모성보건 관리와 주택, 응급서비스, 태양에너지 같은 서비스를 진행해왔습니다. 그녀의 이런 행동들은 그녀가 만난 수많은 사람들의 몰입의 삶과도 비슷합니다.

그녀의 테드 강의를 들으면서 가장 인상적이었던 이야기를 소개하며 이번 이야기를 마치려고 합니다. 그녀가 만난 로버트 콜스Robert Coles 박사가 해준 이야기입니다.

뉴올리언즈에 한 소녀가 살고 있었습니다. 이 소녀는 인종차별이 철폐된 학교에 다닌 첫 학생이었습니다. 하지만 인종에 대한 사람들의 인식까지 완전히 바뀐 것은 아니었습니다. 소녀는 자기를 괴물이라고 부르며 독약을 먹여 죽이겠다는 백인들 사이를 품위 있게 걸어다녔다고 합니다. 그런데 이 소녀가 매일 그 사람들에게 뭐라고 말하고 있었습니다. 그래서 박사는 소녀에게 물었습니다.

박사: 뭐라고 말하는 거니?

소녀: 말하는 거 아니에요.

박사: 나는 네가 말하는 것을 봤는데, 뭐라고 한 거니?

소녀: 말한 게 아니에요. 기도한 거예요.

박사: 무슨 기도를 한 거니?

소녀: 저는 이렇게 기도해요. '하나님, 그들을 용서해주세요. 그들은 자신들이 무슨 일을 하고 있는지 모르고 있어요.'

이 소녀처럼 삶의 목적과 의미를 아는 것만으로도 우리는 몰입의 삶을 살 수 있습니다. 하지만 목적과 의미라는, 이 두 단어를 알기까지의 과정은 결코 쉽지 않습니다. 모든 사람이 삶의 의미를 다 알고 있다면 우리는 삶에 대해 고민할 필요가 없을 것입니다.

변화를 촉진시키는 몰입을 위해 꼭 필요한 3가지

재클린 노보그라츠가 말하는 몰입의 삶이란 변화를 위한 삶이라고도 할 수 있습니다. 사람들은 누구나 변화의 삶을 살기 원합니다. 하지만 변화에는 예상치 못한 위험이 존재할 수 있습니다.

우리는 어떻게 몰입하는 삶을 살며 변화를 촉진시킬 수 있을까요? 미하이 칙센트미하이는 변화를 촉진시키는 몰입을 하기 위해서 다음의 3가지가 필요하다고 이야기합니다.

첫째, 목표가 명확해야 합니다. 현재 내게 목표가 없다면 어떻게 될까요? 뜬구름 잡는 이야기만 하다가 끝나지 않을까요? 내가 어떤 활동을 할 때 왜 몰입하는지를 생각해보면 알 수 있습니다.

둘째, 과제와 실력의 균형입니다. 과제는 어려운데 실력이 그 정도가 되지 않는다면 몰입이 쉽게 될까요? 우리가 어떤 분야의 지식을 쌓을 때 기초 서적부터 읽은 이유가 무엇일까요? 몰입하기 쉽기 때문입니다.

셋째, 빠른 피드백입니다. 저는 빠른 피드백이 어떤 습관을 형성하기에는 좋다고 생각합니다. 하지만 우리 삶의 더 큰 변화를 위해서는 변화에 대한 믿음이 같이 있어야 한다고 생각합니다.

재클린 노보그라츠의 빈곤 퇴치는 하루아침에 이루어지지 않습니다. 오랜 시간이 걸리죠. 그래서 그녀는 '인내심이 필요한 자본'이란 말을 썼습니다. 아주 작은 변화는 빠르게 일어날 수 있지만 그 작은 변화가 사람들이 인지할 정도의 변화가 되기 위해서는 오랜 시간이 걸립니다. 그렇기 때문에 작은 변화를 통해 빠른 피드백을 느끼고, 그런 변화들이 큰 변화를 만들어낼 수 있을 것이라는 믿음을 가지고 있어야 합니다.

더 나아가 스스로 자신의 삶에 대해 지금 내가 살고 있는 삶은 의미가 있고, 그 누구보다 훌륭한 삶을 살고 있다는 것을 느껴야 합니다. 자신의 삶에 더 솔직해질 때, 우리는 몰입의 삶이 무엇인지 알 수 있습니다.

내가 사랑하는 일을 어떻게 찾을 것인가?

How to find work you love

우리 삶은 생각보다 그리 길지 않습니다.
방향을 빨리 설정해야 더 즐거울 겁니다.

"지금 하고 있는 일에 만족합니까?"라는 질문을 던졌을 때 "만족합니다"라고 대답할 수 있는 사람은 얼마나 될까요? 그다지 많지 않을 것입니다.

스콧 딘스모어Scott Dinsmore는 주변 사람들의 80%가 "자신의 일을 좋아하지 않는다"라고 대답했다고 전합니다. 사실 우리는 왜 이 질문에 긍정적인 답을 하지 못하는지 알고 있습니다. 지금까지 우리는 누군가가 설정해준 방향으로 살아왔기 때문입니다.

내가 스스로 방향을 설정해본 일이 많지 않습니다. 오히려 유아 시절에 하고 싶은 대로 살았는지 모릅니다. 그러다 보니 직장인에게 "무엇이 되고 싶냐?"라고 물어보면 많은 직장인이 "건물주를 꿈꾼다"라고 말합니다.

저는 건물주를 꿈꾸지는 않습니다. 무언가가 되고 싶은 막연한 생각은 있지만, 그것이 무엇인지는 아직도 종잡을 수가 없습니다. 그만큼 우리는 자신에 대해 생각해본 적이 많지 않습니다.

지금 하고 있는 일을 왜 하고 있나요?

스콧 딘스모어의 테드 강연은 바로 지금까지 이야기한 방향성에 대한 내용입니다. 그는 포춘 500대 기업에 입사했습니다. 자신이 회사에서 어떤 영향력을 발휘하며 일을 할 것이라는 처음의 생각은 얼마 가지 못했고, 결국 2개월 후 직장을 그만둡니다.

그는 영향력을 갖고 싶었습니다. 그는 알고 싶었습니다. '열정적이고 세상을 바꾸는 일을 하며 매일 아침 영감을 갖고 일어나는 사람과 자포자기의 삶을 사는 사람으로 나뉘는 이유는 무엇일까?'

그는 영감을 주는 일을 하는 사람을 만나 인터뷰를 하고, 책도

읽어보고, 관련 사례도 공부했습니다. 자기계발서도 300권이나 읽었습니다. 그리고 나만 할 수밖에 없는 일을 찾으려고 했습니다.

그가 주변 사람들에게 "왜 지금 하고 있는 일을 하시나요?"라고 물으면 대부분의 사람들은 "누군가가 내게 이 일을 하라고 시켜서요"라고 답했다고 합니다. 하지만 막연히 성공의 사다리를 오르다 보면 잘못된 벽을 오르고 있다는 것을 느낍니다.

회사를 이직할 때 잠시 쉬는 기간이 있으면 그때나 조금 '내가 무엇을 하고 있는 거지' '지금 하고 있는 일이 나에게 어떤 의미이지'라는 생각을 합니다. 그러다 또 일상에 쫓겨 내가 하는 일에 대한 의미를 찾지 못하고 똑같은 일상을 반복합니다.

누군가는 "그것 또한 너의 삶의 일부"라고 말할지도 모릅니다. 하지만 삶이란 그리 길지 않습니다. 만약 방향을 빨리 설정했다면 어땠을까요? 더 즐겁고, 더 의미 있는 삶이 되지 않을까요?

줄무늬 애벌레와
노랑 애벌레의 결정적 차이

학창시절에 국어 선생님은 『꽃들에게 희망을』이라는 책을 추천해주셨습니다. 선생님의 말을 듣고 그 책을 구매했지만 당시에는 그 책이 말하는 바를 잘 알지 못했습니다. 하지만 어른이 된 후에는 이 책을 가끔씩 다시 읽고 있습니다.

이 책에는 줄무늬 애벌레가 나옵니다. 줄무늬 애벌레는 먹는 것 이상의 무언가를 찾기 위해 자기가 머물던 나무에서 내려옵니다. 그러다 애벌레 무리들이 꼭대기에 오르는 것을 보고 무언가 있을 것이라고 생각해 꼭대기까지 올라갑니다. 하지만 그 위에는 아무것도 없었습니다. 수많은 애벌레와 치열한 경쟁을 하면서 올라갔음에도 말이죠.

그러다 자신과 같이 꼭대기를 올라가다가 포기한 노랑 애벌레가 고치에서 나비가 된 모습을 보았고, 이에 줄무늬 애벌레는 꼭대기에서 내려올 결심을 합니다. 사실 꼭대기에서 내려오는 것도 쉽지 않은 일이었습니다. 모든 애벌레가 꼭대기로 올라가는 것이 유일한 길이라고 생각했기 때문입니다. 그러나 줄무늬 애벌레는 노랑 애벌레가 나비가 된 것처럼 고치의 길을 선택하고 마침내 나비가 됩니다.

이 책을 보면 우리 사회에 큰 반향을 일으킨 JTBC 드라마 〈SKY캐슬〉이 생각납니다. 주남대학교 로스쿨 교수인 차민혁은 집에 피라미드 조각상을 가져다놓고 아이들에게 피라미드 꼭대기로 가야 한다고 말합니다. 마치 줄무늬 애벌레와 다른 애벌레들이 무작정 꼭대기에 올라가는 것처럼 말입니다. 그 위에 왜 올라가야 하는지도 모르고 말이죠. 애벌레들이 서로를 짓밟고 경쟁적으로 올라간 것처럼, 드라마 속에서 차민혁은 누군가를 짓밟는 공부를 해야 한다고 말합니다. 세상을 1등과 1등이 아닌 사람으로 구분하는 흑백논리를 강조하죠.

열정적인 직업 분석 3단계 프레임워크

스콧 딘스모어 또한 책 속의 줄무늬 애벌레와 같은 생각에 몰입했습니다. 그 결과 그는 3단계의 열정적인 직업 분석 프레임워크를 알게 됩니다.

첫 번째 단계는 자신에 대한 전문가self-expert가 되어 자기 자신을 이해하는 것입니다. 내가 무엇을 좋아하는지, 무엇을 잘하는지 알아야 한다는 것이죠. 현재 많은 사람이 약점보다 강점에 집중합니다. 하지만 아직도 우리는 학교에서의 공부 습관 때문인지 부족한 부분을 계속해서 채우려고 노력합니다. 그래야 평균 점수가 올라가기 때문이죠. 하지만 지금 우리에게 필요한 것은 자신에 대해 스스로 파악하고 남들과 다른 자신만의 강점을 찾아내는 것입니다.

긍정심리학의 창시자인 마틴 셀리그만Martin Seligman은 강점의 기준으로 시간과 환경에 상관없이 계속 나타나는 심리적 '특성', '그 자체로서 가치'가 있고 좋은 결과를 낳는 것이라고 말합니다.* 이번 기회에 자신의 강점이 무엇인지 한번 생각해보는 것은 어떨까요?

누군가 항상 내게 말하는 '특성'으로는 무엇이 있을까요? 기업에서는 이러한 강점 기반의 조직개발 방법으로 긍정탐구Appreciative Inquiry를 활용합니다. 긍정탐구는 '발굴하기Discovery, 꿈꾸기Dream, 디자인하기Design, 지속 강화하기Destiny'라는 4D 사이클에 의해 진행됩니다. 이를 통해 조직의 강점을 발견하고 조직이 바라는 것을 찾습니다. 그리고 강점을 활용하고 극대화할 수 있도록 조직을 설계하고, 조직 전체에 지속적으로 강점을 강화할 수 있는 과제를 설정하고 실행하는 것입니다. 개인도 마찬가지라고 생각합니다.

첫 번째 단계는 자신의 긍정적 측면인 강점을 제대로 파악하는 것입니다.

두 번째 단계는 가치입니다. 사람들은 각기 다른 가치를 추구합니다. 가족이 중요한지, 건강이 중요한지, 어떤 성취나 성공이 중요한지 스스로 결정을 내려야 합니다. 자신이 추구하는 방향이 무엇인지 알아야 하기 때문입니다.

이를 쉽게 생각해보면 이사를 갈 때 무엇이 중요한지를 생각

---

* 마틴 셀리그만 지음, 김인자·우문식 옮김, 『마틴 셀리그만의 긍정심리학』, 물푸레, 2014.

해보는 것과 같습니다. 이사를 갈 때 고려하는 요소로는 집의 가격, 위치, 학군, 환경 등 다양한 것들이 있습니다. 이런 요소 중에 우리는 가장 중요시하는 요소를 선택해야 합니다. 그래야 이사를 갈 지역과 집을 고를 수가 있습니다.

모든 일에는 우선순위가 존재합니다. 자신의 가치는 그 우선순위를 결정하는 데 있어 핵심입니다. 현재 자신이 가장 우선시하는 가치는 무엇인가요?

마지막으로 세 번째 단계는, 자신의 경험입니다. 매일매일 자신이 경험하는 것들을 써보는 것이 필요합니다. 스콧 딘스모어는 매일 일기장을 쓰라고 이야기합니다. 일기장에 오늘 자신에게 영감을 준 사람, 인상 깊었던 일들을 쓰면서 자신의 삶에 적용해보는 것입니다. 그러다 보면 자신이 영향력을 가질 수 있습니다.

지금까지 이야기한 이 3가지 요소를 함께 고려할 때 남들과 다른 사다리를 올라갈 수 있습니다. 즉 남들과 다른 삶을 살 수 있습니다.

사람들이 어떤 일을 하지 못하는 이유는 왜 해야 하는지 모르고, 주변 사람들이 불가능하다고 말하기 때문입니다. 그래서 사람들은 도전하지 않고 포기합니다. 누군가 그 일을 하기 전까지는요. 하지만 잘 생각해보면 모든 발명과 세상의 새로운 것들은 처음에 미쳤다고 말한 것들이었습니다.

육상선수인 로저 배니스터Roger Bannister가 1마일을 4분 이내로 달리기 전까지는 사람이 1마일을 4분 이내로 달리는 것이 물리적으로 불가능하다고 생각했습니다. 하지만 로저 배니스터는 해냈습니다. 이렇게 자신의 한계를 조금씩 실험해보는 것이 필요합니다. 이런 불가능한 일을 해내는 가장 좋은 방법은 열정적인 사람과 함께하는 것입니다.

짐 론Jim Rohn은 "당신의 수입은 가장 친한 친구 5명의 평균 수입이다"라고 말했습니다. 자신이 원하는 것을 달성하기 위해서는 자신이 선택한 사람과 함께 가야 합니다.

1898년 노만 트리플렛Norman Triplett은 사이클 선수들을 연구했습니다. 그는 사이클 선수들이 집단으로 트랙을 달리는 것과 개인적으로 달렸을 때의 기록을 측정했습니다. 결과는 어땠을까요? 집단으로 달린 쪽이 매번 더 빠르다는 것을 알아냈습니다. 자신이 어떤 것을 하고 싶다면, 주변 사람들과 환경이 중요합니다.

한 번뿐인 인생,
전설처럼 살아라

스콧 딘스모어는 '전설처럼 살아라'라는 운동을 시작했는데 처음에는 부모님과 와이프만 이 운동에 관심을 가졌습니다. 운동을 시작한 후 4년 동안 아무 성과도 없었습니다. 하지만 그는 샌

프란시스코로 이사를 간 후 모험과 사업을 즐기고, 웹사이트와 블로그를 운영하는 열정적인 사람들을 만났습니다. 그 중 한 명은 혼자 8명의 생계를 책임지고 있음에도 일주일에 2번씩 블로그에 글을 쓰고 있었습니다. 그는 이 사람들을 만나면서 더 열심히 '전설처럼 살아라'를 운영했고, 그 사람들과 만난 6개월 동안 '전설처럼 살아라'는 10배 성장했습니다. 그리고 1년 후에는 무려 160배나 성장했습니다.

그의 '전설처럼 살아라' 사이트에 들어가보면, '당신의 열정을 발견하는 21일' '누군가와 연결되는 방법' 등 다양한 과정이 있습니다. 이 사이트 내에 있는 다양한 글과 과정만 살펴봐도 현재 내가 고민하는 것들을 사람들이 어떻게 해결해 나가고 있는지 알 수 있습니다.

그는 가장 중요한 것이 자신의 가능성을 아는 것이라고 말합니다. 스스로 가능성을 제한할 필요가 없다는 것입니다. 한계를 벗어나야 합니다. 그는 항상 다음 문장을 마음에 품고 다닌다고 합니다.

"First they ignore you, then they laugh at you,
then they fight you, then you win."

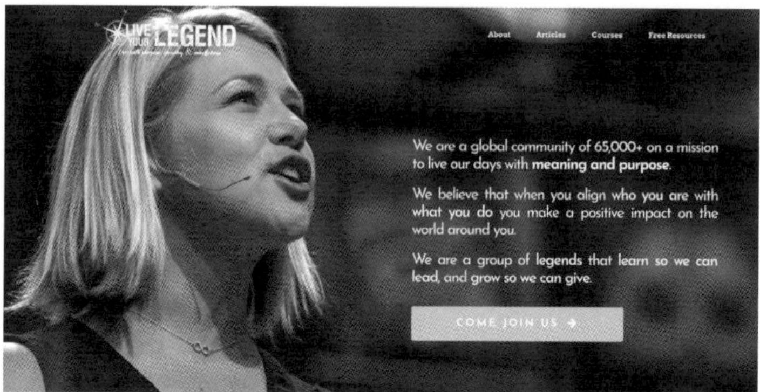

● 스콧 딘스모어의 '전설처럼 살아라' 홈페이지
출처 : liveyourlegend.net

THE REASON PEOPLE DON'T DO WORK THEY LOVE

- ALL I KNOW IS THAT I WANT TO DO SOMETHING DIFFERENT.
- I DON'T KNOW WHAT I'M PASSIONATE ABOUT. IF I DID, I'D BE DOING SOMETHING ABOUT IT.
- CAN YOU REALLY HAVE A JOB THAT YOU ACTUALLY LOVE? ISN'T A JOB JUST A JOB?
- I WOULD DO SOMETHING DIFFERENT IF I ONLY KNEW WHAT TO DO.
- WHAT WILL MY FRIENDS AND FAMILY THINK IF I PURSUE SOMETHING DIFFERENT?
- I HAVE BEEN A TEACHER/LAWYER/DOCTOR, ETC. FOR SO LONG, I DON'T HAVE ANY OTHER SKILLS!
- WHO AM I TO THINK I CAN DO SOMETHING DIFFERENT WHEN I AM LUCKY TO EVEN HAVE A JOB?

● 사람들이 자신이 사랑하는 일을 하지 않는 이유를 소개한
'당신의 열정을 발견하는 21일' 사이트
출처 : 21daystodiscoveryourpassion.com

누군가는 처음 시도를 하는 당신을 무시하고 조롱할 수 있습니다. 하지만 이 과정을 극복하면 결국 당신이 이길 것입니다.

지금도 수많은 사람이 자신이 하고 싶은 일을 찾고자 합니다. 그 과정은 분명 쉽지 않습니다. 다른 사람들과 다른 생각을 하거나 다른 방식으로 행동을 한다면 '좀 이상한 것 같지 않아' '미친 것 같아' 등의 말을 들을 수도 있습니다. 하지만 성공의 경험을 한 사람들은 그게 오히려 내가 지금 성공의 길을 가고 있다는 증거라고 생각할 수도 있습니다.

자신의 강점에 집중하고 이를 기반으로 자신의 한계를 넘어서서 가치를 함께하는 사람들과 행동해야 합니다. 그러면 분명 자신이 사랑하는 일을 찾고, 또한 좋은 성과도 만들어낼 수 있을 것입니다. 다른 사람의 전설만 보지 말고 자신이 전설이 되어보는 것은 어떨까요?

행복보다 의미 있는 삶이 더 중요하다

There's more to life than being happy

행복이 삶의 목적이 되면 안 됩니다.
행복보다는 삶의 의미가 더 중요합니다.

모든 사람은 행복한 삶을 꿈꿉니다. 저 또한 그렇습니다. 하지만 누군가 제게 행복의 기준에 대해 물었을 때, 저는 어떤 대답을 해야 할지 잘 모르겠습니다. 많은 사람이 자신에게 행복이란 무엇인지 생각해보지 않고 행복을 좇습니다. 우리에게 행복이란 무엇일까요?

한국은 OECD 가입국가 중에서도 자살률이 높은 국가입니다. 지난 10년간 자살률 1위 국가라는 오명을 쓰기도 했습니다. 우리나라는 왜 이렇게 자살률이 높은 것일까요? 무엇이 우리를 힘들게 하는 것일까요?

그러나 직장생활을 하다 보면 이런 생각을 할 여유도 없습니다. 삶의 방향에 대한 진지한 고민은 이미 물 건너간 지 오래입니다. 그저 현재의 삶에 끌려가고 있습니다.

행복보다 중요한 것은 과연 무엇일까?

긍정심리학 연구자인 에밀리 에스파하니 스미스Emily Esfahani Smith 또한 테드 영상에서 이런 관점을 전하며 '행복'이라는 것을 다시 보고 있습니다. 그녀는 사람들에게 말합니다.

"행복보다 삶의 의미가 더 중요하다."

그녀는 삶의 의미를 찾을 수 있는 유대감, 목적, 초월성, 스토리텔링이라는 4개의 기둥을 제시했습니다. 그녀가 제시한 4가지 기둥은 뒤에서 살펴보겠지만 미국의 심리학자 에이브러햄 매슬로우Abraham Maslow가 제시한 욕구 이론 5단계와 비슷합니다. 유대감은 소속감과 애정 욕구와, 목적과 초월성은 자아실현 욕구와,

● 에이브라함 매슬로의 욕구 5단계 이론

스토리텔링은 존경 욕구와 비슷합니다. 어쩌면 우리는 지금까지 행복을 '타인'의 관점에서 바라봐서 삶의 의미를 제대로 생각하지 못한 것일 수도 있습니다.

에이브러햄 매슬로우는 인간의 욕구를 5단계로 제시했습니다. '생리적 욕구, 안전 욕구, 소속감과 애정 욕구, 존경 욕구, 자아실현 욕구'입니다. 이런 욕구는 외부적 요인에 의해 채워질 수 있는 하위 욕구와 내부적 요인에 의해 채워지는 상위 욕구로 구분됩니다. 대부분의 사람은 상위 욕구를 채우려고 노력합니다.

그런데 상위 욕구를 다른 기준으로 나눠보면 결핍 욕구와 성장 욕구로 나눌 수도 있습니다. 즉 상위 욕구 중에는 무언가 부족하기 때문에 생기는 소속감과 애정, 존경이 있는 반면 성장하고

자 하는 자아실현 욕구도 있습니다. 그렇다면 우리는 지금 어떤 욕구를 충족하기 위해 '행복'이라는 것을 추구하고 있을까요?

저는 지금 우리에게 나를 이해하고 내가 하고자 하는 것이 무엇인지를 찾는 자아실현 욕구가 필요하다고 생각합니다. 물론 이를 뒷받침할 존경 욕구, 소속감과 애정 욕구도 있어야 합니다. 하지만 가장 근본적인 것은 '자아실현'입니다. 이를 통해 나의 존재의 의미, 더 나아가 내 삶의 의미를 찾을 수 있기 때문입니다.

그래서 매슬로우도 자아실현 욕구를 성장 욕구로 구분한 것이 아닐까요? 자신의 존재에 대한 이해 없이 성장 욕구는 발생하지 않기 때문입니다.

'행복=성공'이라는 공식을 벗어나게 해준 긍정심리학

이제 에밀리 에스파하니 스미스의 이야기를 한번 들어볼까요? 그녀는 누구나 그렇듯이 행복을 좇는 것이 삶의 목적이라고 생각했습니다. 그녀도 '행복=성공'이란 공식에 익숙해 있었던 거죠. 그래서 그녀는 좋은 직업, 완벽한 남자친구, 아름다운 집을 찾아 다녔습니다. 하지만 그런 것이 충족되어도 근심이 가득했고 방황했습니다. 물론 그녀의 친구들도 마찬가지였죠.

아마 지금 이 책을 보는 독자들도 대부분 이런 느낌을 받았을 것입니다. 분명 행복을 위해 일을 하고 조금씩 어떤 것을 성취하고 있지만 뭔가가 부족한 그 느낌, 가슴 한 곳이 채워지지 않는 느낌을 한 번쯤은 느꼈을 것입니다.

그녀는 이런 불만족한 삶에 어떻게 대처했을까요? 펜실베니아 대학원에서 긍정심리학을 공부한 그녀는 진정으로 사람들을 행복하게 하는 것이 무엇인지를 찾아냈습니다. 그리고 그녀는 행복을 좇는 사람이 결국은 불행하게 된다는 것도 알아냈습니다.

더 놀라운 점은 전 세계적으로 자살률이 증가하고 있고, 미국에서는 최근 30년 만에 자살률이 최고치에 도달한 것입니다. 분명 삶의 모든 지표들이 나아지고 있음에도 불구하고 많은 사람이 희망을 잃고, 우울하고, 외로움을 느끼고 있습니다. 이런 공허함은 사람들을 피폐하게 만듭니다. 우울증을 앓고 있지 않아도 말이죠. 저도 정신의학적인 문제는 없지만 공허함을 떨칠 수가 없습니다. 분명 우리는 삶에 있어 무언가를 놓치고 있는 것이죠.

그녀는 우리가 '삶의 의미'를 놓치고 있다고 이야기합니다. 하지만 '삶의 의미'라는 이야기를 듣는 순간 '삶의 의미가 도대체 행복과 어떤 차이가 있지?' '행복보다 더 중요한 것이 삶에 또 있을까' 식의 생각이 들 것입니다.

심리학자들은 행복을 어떤 순간의 편안하고 기분 좋은 상태라고 정의하고 있습니다. 긍정심리학자인 마틴 셀리그만에 따르면, 삶의 의미는 나 자신을 넘어 누군가와 유대감을 갖고 타인을 위해 봉사하며 자신 안에 있는 것을 최고로 끌어올릴 때 가질 수 있다고 합니다. 우리는 항상 사람들에게 '행복해야 한다'는 말을 듣습니다. 그것이 삶의 목적이라고 말이죠. 하지만 우리는 행복보다 더 중요한 삶의 의미를 찾아야 합니다. 삶의 의미를 갖는 사람은 회복탄력성이 높고, 수명도 길다고 합니다.

의미 있는 삶을 위한 4개의 기둥

그렇다면 어떻게 해야 우리는 의미 있는 삶을 살 수 있을까요? 에밀리 에스파하니 스미스는 5년 동안 철학, 신경과학, 심리학 등의 서적을 읽고 난 후에, 삶의 의미를 찾을 수 있는 앞서 말한 4개의 기둥을 발견했습니다.

첫 번째 기둥은 '유대감'입니다. 유대감은 본질적으로 스스로가 자신의 가치를 인정하고, 나 또한 다른 사람들을 가치 있다고 생각하는 관계로부터 나옵니다. 하지만 어떤 집단이나 관계는 낮은 유대감을 가지고 있습니다. 자신을 믿는 것이 아닌 자신이 증오하는 것, 자신이 믿는 것에 가치를 부여하죠.

진정한 유대감은 사랑하는 마음으로부터 나온다고 말합니다.

사실 유대감은 사람 간의 관계 속에서 나오지만 그 관계를 밀도 있게 만드는 것은 결국 자신입니다. 스스로 유대감을 키울 수 있도록 노력하는 것이 필요합니다.

유대감은 서로를 사람 대 사람으로 생각할 때 만들어집니다. 만약 우리가 어떤 관계를 사람 대 사람으로 생각하지 않고 어떤 거래적인 관계로 생각한다면 어떻게 될까요? 과연 그 관계에 유대감이 생길 수 있을까요?

커피 한 잔을 구매하더라도 종업원과의 유대감을 가질 수 있습니다. '내가 얼마를 냈으니 이 정도는 해줘야지'라는 거래적 관계로만 생각하지 않으면 말이죠. 하지만 우리는 많은 관계를 이렇게 생각하기도 합니다. 때로는 '윈윈'이라는 말로 유대감을 해치기도 하죠. '기브 앤 테이크'는 좋지만 그 관계가 인간적인 관계가 되어야 한다는 것이죠.

두 번째 기둥은 '목적'입니다. 목적이란 나를 행복하게 해주는 일을 찾는 것이 아닙니다. 그래서 그녀는 이렇게 말합니다.

"삶의 목적은 '원하는 것이 무엇인가'가 아니라
내가 '무엇을 줄 것인가'에 있다."

의사는 삶의 목적이 아픈 사람을 치료하는 것이라고 말합니다. 부모는 삶의 목적이 자신의 아이를 잘 키우는 것이라고 합니다. 목적은 자신의 강점을 활용해 타인을 돕는 것입니다. 즉 어떤 일을 할 때 자신이 꼭 필요한 사람이라고 느끼는 것입니다. 회사에서의 무기력함, 실직, 수동적인 업무 참여 등은 목적과 관련이 있습니다. 이는 어떤 경제적인 문제가 아니라 존재의 문제입니다.

세 번째 기둥은 '초월성'으로 완전히 다른 방식으로 자신으로 넘어서 나아가는 것입니다. 초월성은 바쁜 일상에서 들뜬 느낌이 드는 극히 드문 순간이기도 합니다. 이 상태에서는 자신이 사라지는 듯한 느낌이 들고, 초현실적인 공간에 있는 듯한 느낌이 들죠.

예를 들어 그녀는 글을 쓸 때 초월성을 느낀다고 합니다. 저도 가끔은 글쓰기에 몰입하거나 하고 싶은 일을 하고 있을 때 그런 느낌을 받습니다. 저뿐만 아니라 많은 사람이 취미생활을 하거나 예술 작품을 감상할 때 이런 초월성을 경험합니다. 그리고 초월성은 자신을 변화시키죠.

어느 연구에서 학생들에게 200피트 높이의 유칼립투스 나무를 1분간 보게 했습니다. 그랬더니 그 학생들은 덜 자기중심적이게 되었고, 타인을 도와줘야 하는 상황에 처했을 때 좀 더 관대하게 행동했다고 합니다. 이런 초월성은 책의 앞부분에서 이야기한 몰입의 상태와도 유사하다고 생각됩니다. 누구나 한 번쯤 경험한 적이 있지 않나요? 자신이 좋아하는 분야에 대해 공부할 때 한없이 행복하고, 마치 나와 그 분야만 내 주변에 존재하는 듯한 상황 말입니다.

네 번째 기둥은 '스토리텔링'으로 자신의 이야기를 말해보는 것입니다. 일상의 순간들에 대한 이야기를 만들다 보면 삶을 명확하게 바라볼 수 있습니다. 자신의 삶을 돌아볼 수도 있고, 자신에게 얼마나 많은 이야기가 있는지도 깨달을 수도 있습니다. 그러다 보면 인생의 주인공은 결국 자신임을, 자신이 지금까지 그래왔듯이 자신의 삶을 새롭게 개척해 나갈 수 있다는 사실을 알 수 있습니다.

하지만 그녀가 말했듯이 사람들은 이야기의 작가가 자신이어서 이야기의 전개를 스스로 바꿀 수 있다는 것을 깨닫지 못합니다. 현재 자신의 삶은 사건의 나열로 만들어진 것이 아닙니다. 자신의 이야기는 언제든지 스스로 편집하면서 다시 만들 수 있는 것이죠.

4개의 기둥을 실천하기 위한 방법

이런 4개의 기둥은 분명 의미 있는 삶을 사는 데 많은 도움을 줄 것입니다. 그렇다면 '유대감, 목적, 초월성, 스토리텔링'이라는 4개의 기둥을 조금 더 구체적으로 실천할 수 있는 방법에는 어떤 것들이 있을까요?

첫째, '유대감'을 위해서는 감사일기를 써보는 것이 좋습니다. 감사일기를 써보면서 내가 오늘 하루 감사해야 할 일은 무엇이고, 왜 감사해야 하는지를 써보는 겁니다. 이뿐만 아니라 하루 동안 만난 사람과의 관계는 어땠는지 써본다면 어떤 일에서든 유대감이 생기지 않을까요?

둘째, '목적'을 위해서는 적극적인 과거 회상을 해보는 것입니다. 과거의 기분 좋았던 일을 생각해보면서 이타적인 행동은 없었는지, 내가 가지고 있는 강점이 발휘되었던 적은 없는지 생각해보는 것입니다. 그러다 보면 내 삶의 의미를 찾아볼 수 있지 않을까요?

셋째, '초월성'을 위해서는 '목적'과 마찬가지로 적극적인 과거 회상이 중요합니다. 아니면 명상으로 스스로에게 집중하는 시간을 가져보며 몰입할 수 있는 무언가를 자연스럽게 찾는 능력을 높이는 것이 좋습니다.

마지막으로 '스토리텔링'을 위해서는 일기를 써보는 것이 좋습니다. 일기는 감사일기와는 다릅니다. 일기로 오늘 하루를 정리해보며 오늘 하루 나의 삶이 어떤 활동들로 채워졌고 그 활동들이 나에게 어떤 삶의 의미를 주었는지 생각해본다면 좋지 않을까요?

사실 이런 방법들은 누구나 알고 있습니다. 단지 고민과 실행이 부족할 뿐입니다. 캐롤라인 애덤스 밀러Caroline Adams Miller의 저서 『어떻게 인생 목표를 이룰까?Creating Your Best Life』에는 '가장 행복한 사람은 누구인가'라는 내용이 있습니다.* 이 내용을 읽으며 의미 있는 삶을 위한 4개의 기둥, 욕구 5단계를 함께 생각해 보면 좋을 것입니다.

- 자기가 하는 일을 좋아하고 일하는 동안 '몰입' 상태를 자주 경험하는 사람
- 가족이나 친구와의 친밀한 관계를 즐기는 사람
- 삶을 낙관적으로 바라보는 사람
- 자기보다 많이 가진 이를 생각하기보다 상황이 좋지 않은 이들과 비교해서 내가 더 낫다고 생각하는 사람
- 결혼 생활이 행복한 사람
- 종교적 신념이 강한 사람
- 의식주 문제를 계속 고민할 필요가 없는 사람

* 캐롤라인 애덤스 밀러·마이클 프리슈 지음, 우문식·박선령 옮김, 『어떻게 인생목표를 이룰까?』, 물푸레, 2012.

자발적 동기부여를 만드는 힘

The puzzle of motivation

무엇인가를 지속하게 하는 건 무얼까요?
그것은 바로 자율성, 숙련, 목적입니다.

중학교 때, 시험 점수가 평균 90점을 넘으면 자전거를 사준다는 부모님의 말씀 때문에 열심히 공부했던 적이 있습니다. 이번 중간고사에 90점만 달성하면, 나도 다른 친구들처럼 주말에 자전거를 타고 놀러 다닐 수 있겠다고 생각한 거죠. 부모님의 제안은 철없던 학생이었던 저에게 딱 맞는 제안이었습니다. 만화에서나 볼 수 있는 초능력이 생긴듯 공부에 몰입할 수 있었습니다.

사람들이 무언가를 하게 만들기 위해서는 동기부여가 필요합니다. 당시 저에게 있어 핵심 동기부여 요소는 자전거라는 외적 동기였습니다. 하지만 이런 외적 동기는 오래가지 못합니다. 자전거를 받고 나서는 또 다른 그리고 더 큰 외적 동기가 필요하기 때문입니다.

그러면 사람들이 어떤 일을 지속하게 하는 것은 무엇일까요? 결론부터 이야기하자면 자율성, 숙련, 목적입니다. 이 3가지에 대해서는 뒤에서 다시 이야기하도록 하겠습니다.

크레스피 효과와 동기부여

지금까지 동기부여를 위해서 어떻게 해야 한다고 생각했을까요? 바로 당근과 채찍입니다. 당근과 채찍은 심리학에서 '크레스피 효과'라고 합니다. 전보다 더 많은 보상과 처벌이 행동 변화와 능률 향상에 영향을 미친다는 것입니다.

1942년 레오 크레스피Leo Crespi라는 미국의 심리학자는 쥐가 미로 찾기를 성공할 때마다 먹이를 주는 실험을 했습니다. A집단에게는 미로 찾기 성공시 한 개의 먹이를, B집단에게는 5개의 먹이를 주었습니다. 그 결과 B집단의 쥐들이 A집단에 비해 미로를 빨리 탈출했습니다.

이번에는 A집단에는 5개의 먹이를, B집단에는 한 개의 먹이를 주었습니다. 결과는 어떻게 되었을까요? 여러분이 예상했던 것처럼 A집단의 쥐들은 B집단의 쥐들보다 미로를 더 빨리 탈출했습니다. 반면 B집단은 한 개씩 먹이를 받던 A집단의 초기 성적보다 더 낮은 성공률과 수행 능률을 보였습니다. 이는 제가 중학교 때 시험을 잘 봐서 자전거를 받은 것과 동일합니다. 하지만 그 이후에 더 좋은 보상이 없다면, 당연히 실망을 해서 오히려 성적이 하락하는 결과를 받지 않을까요?

지금까지 사람들은 이런 당근과 채찍에 익숙했습니다. 그래서 회사에서도 열심히 일해서 좋은 성과가 나오면 많은 인센티브를, 그 다음해에 더 좋은 성과가 나오면 더 많은 인센티브를 주었습니다. 하지만 이런 당근과 채찍은 끊임없이 보상이 높아져야 한다는 전제를 가지고 있습니다. 보상이 낮아지면 B집단의 쥐와 마찬가지로 능률이 급격하게 저하될 수 있습니다.

촛불 문제와 동기부여

다니엘 핑크Daniel Pink는 세계적인 미래학자로 『새로운 미래가 온다A whole new mind : why right-brainers will rule the future』 등의 책을 집필한

사람입니다. 그는 자발적 동기부여와 관련된 『드라이브Drive』라는 책을 출간하기도 했습니다. 그는 테드 영상에서 동기부여에 대해 어떻게 말하고 있을까요?

여러분은 '촛불 문제'에 대해 들어본 적이 있나요? 이 문제는 1945년 칼 던커Karl Dunker라는 심리학자가 만든 것으로 문제 자체는 간단합니다. 방에서 피실험자에게 압정과 성냥, 초 하나를 줍니다. 그리고 "이 촛불을 벽에 붙이되 촛농이 테이블에 떨어지지 않게 해주세요"라고 합니다.

여러분이라면 어떻게 하겠습니까? 여러분이 쉽게 상상할 수 있도록 문제 상황을 그림으로 제시했습니다.

● 촛불 문제의 상황
출처 : whatismotivation.weebly.com

사람들은 처음 이 문제를 접하면, 압정으로 초를 벽에 붙이려고 합니다. 하지만 압정으로 초가 붙을 가능성은 없죠. 어떤 사람들은 초의 옆을 녹여 벽에 붙이려는 아이디어를 시도하기도 합니다. 그러나 중력의 무게를 이겨낼 수가 없어 실패합니다.

10분 정도 지나면 사람들은 이 문제의 답을 찾아냅니다. 압정으로 상자를 고정시키고 그 위에 초를 담아두는 것입니다. 이 문제는 사람들의 고정관념을 타파시키기 위해 자주 활용됩니다.

● 촛불 문제의 답
출처 : whatismotivation.weebly.com

지금부터는 이 촛불 문제를 동기부여 관점에서 활용한 실험을 살펴보겠습니다. 프린스턴대학교의 샘 글럭스버그Sam Glucksberg라는 과학자는 인센티브의 힘을 보여주기 위해 촛불 실험을 활용했습니다.

그는 실험참가자를 모집한 다음, 참가자들에게 문제를 얼마나 빨리 해결하는지 시간을 측정하겠다고 했습니다. 그리고 A집단에게는 촛불 문제를 푸는 데 어느 정도의 시간이 걸리는지 측정하기 위해 시간을 재겠다고 했습니다. B집단에게는 보상을 제시했는데, 상위 25% 이내로 빨리 문제를 푸는 사람에게는 5달러를 지급하겠다고 했습니다. 그리고 가장 빨리 문제를 푼 사람은 보상으로 20달러를 받을 것이라고 했습니다. 짧은 시간에 많은 돈을 받는 것이기 때문에 동기부여는 충분한 상황이었습니다.

이 실험의 결과는 어떻게 되었을까요? 충분한 동기부여를 받은 집단 B가 오히려 3.5분이 더 걸렸습니다. 도대체 왜 그렇게 된 것일까요? 강력한 동기부여 수단인 금전이 걸렸는데 말이죠. 이 실험은 그 이후에도 계속되었지만 결과는 변함이 없었습니다.

다니엘 핑크는 이런 실험 결과를 바탕으로 현재의 인센티브 제도는 효과가 없어 위험한 발상이라고 말합니다. 왜 위험할까요? 글럭스버그가 진행한 이와 유사한 실험을 다시 보죠.

똑같이 양초를 벽에 붙이되 촛농이 테이블에 떨어지지 않도록 해달라고 했습니다. 진행 방식은 같습니다. 그리고 한 집단에게는 평균 시간 측정을, 다른 집단에게는 인세티브 부여를 한다고 말했습니다. 결과는 어땠을까요? 앞의 실험과 달리 인센티브를 받은 집단이 다른 집단을 압도하는 결과를 얻었습니다. 왜 그런 결과가 나왔을까요? 그 이유는 이전 실험과 달리 이번에는 압정이 상자 속에 담겨져 있지 않아서 사람들이 상자를 더 빨리 활용했기 때문입니다.

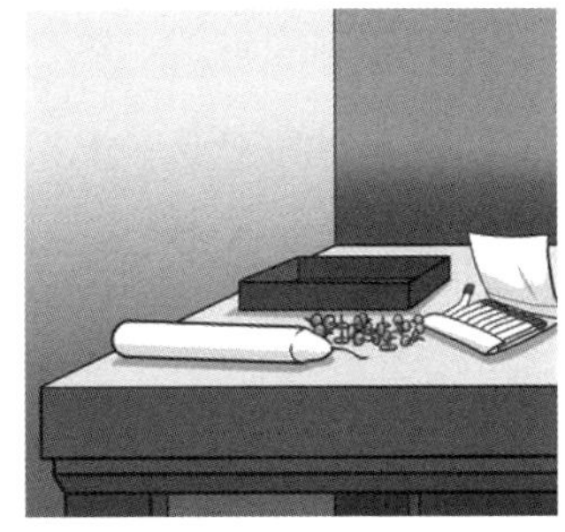

● 또 다른 촛불 문제
출처 : whatismotivation.weebly.com

이런 촛불 문제는 단순한 규칙과 명확한 용도가 있을 경우에 가능합니다. 사람이 시야를 좁혀서 생각을 집중할 수 있기 때문입니다. 우리 일상의 모든 문제가 이렇게 쉽게 설정되어 있다면 얼마나 좋을까요? 문제는 그렇지 않다는 것입니다. 지금은 모든 산업이 융합되고 창의가 중시되는 시대입니다. 과거처럼 어떤 틀 안에서 움직이는 시기가 아닙니다.

또한 세상에는 한 가지 답만 있는 것이 많지 않습니다. 이렇게 좁은 시야로 문제를 보면, 터널 시야에 빠질 가능성이 높습니다.

이는 인지심리학자 크리스토퍼 차브리스Christopher Chabris와 대니얼 사이먼스Daniel Simons가 실시한 '보이지 않는 고릴라 실험'의 결과와 같습니다.* 이 실험에서 흰 옷과 검은 옷을 나눠 입은 학생

---

* 크리스토퍼 차브리스·대니얼 사이먼스 지음, 김명철 옮김, 『보이지 않는 고릴라』, 김

들이 농구공을 패스하는 영상을 보면서 흰 옷을 입은 학생들의 패스 횟수를 세게 했는데, 학생들은 패스 횟수를 세느라 영상 중간에 고릴라가 나온 것을 보지 못하는 '무주의 맹시'에 빠집니다. 특정 부분에 집중해 주변의 다른 것을 못 본 것이죠. 이 실험에 대한 사항은 'the invisible gorilla' 사이트(theinvisiblegorilla.com)에서 더 자세히 볼 수 있습니다.

이러한 결과는 경제학자 댄 애리얼리Dan Ariely가 한 실험에서도 볼 수 있습니다. 그는 MIT 학생들을 대상으로 창의성, 자동차 스킬, 집중력 등을 요하는 게임을 진행했습니다. 그 결과 보상이 높을수록 학생들은 더 높은 성과를 보였습니다. 하지만 이 문제는 기계적인 스킬만 있으면 해결할 수 있는 문제였습니다. 가장 기본적인 인지능력과 관련된 문제에서는 더 큰 보상이 오히려 낮은 성과를 보였습니다.

여러분은 이제 더이상 누군가로부터 문제를 부여받는 세상에 살고 있지 않습니다. 문제를 해결하는 것보다 스스로 문제를 찾는 것이 중요한 세상입니다. 앞서 소개한 실험의 결과들은 이런 세상에서 이제 우리가 어디에 더 집중해야 할지를 너무나도 잘 보여줍니다.

영사, 2011.

내적동기를 촉진하는 자율성, 숙련, 목적

다니엘 핑크는 외적 동기가 아닌 내적 동기가 더 중요하다고 말합니다. 비즈니스에서 중요한 요인은 앞서 이야기했듯이 자율성, 숙련, 목적입니다. 자율성은 삶의 방향을 설정하려는 힘, 숙련은 중요한 것을 더 잘하고 싶은 욕구, 목적은 나보다는 더 큰 무언가를 하고 싶은 열망입니다.

기업에서는 이런 자율성을 독려하기 위해 업무 외의 자유로운 생각을 할 수 있는 시간을 주기도 합니다. 구글은 일과 시간의 20%, 3M은 15%를 자유롭게 활용해 조직구성원의 창의성을 극대화합니다. 이렇게 일정 시간을 부여하는 방법 외에 결과 중심의 업무 환경(Results Only Work Environment; ROWE)이라는 것도 있습니다. 미국의 컨설턴트가 만들어낸 개념인 ROWE는 정해진 일정이 없습니다. 이런 환경에서 일하는 사람은 자기에게 할당된 일만 완수하면 됩니다. 지금의 많은 기업은 사업혁신이나 새로운 사업을 도출하기 위해 점점 자율적인 업무 방식을 추구합니다. 그리고 전체적인 조직의 문화도 그렇게 흘러가고 있습니다.

이런 모습들은 한때 유행했던 스마트 워킹과 유사합니다. 그들에게는 매일 고정된 일정이 없습니다. 결과 중심으로 일을 수행하기 때문에 일정에 맞게 업무만 수행하면 되는 것입니다. 회의도 필요하면 하고, 필요 없으면 하지 않는 것이죠.

이런 주도적인 업무 방식은 생산성을 향상시키고 만족도를 높인다고 합니다. 개인도 마찬가지입니다. 스스로 하는 일과 누가 시켜서 하는 일 중에서 여러분은 어떤 일에 더 열정적으로 임합니까? 당연히 전자입니다.

이런 주도성은 결국 숙련을 만들어냅니다. 이런 주도성 밑에는 목적이라는 것이 존재합니다. 나에게만 초점을 둔 목적은 한계가 있습니다. 더 큰 그림을 가지고 일을 할 때 우리는 지속성을 가질 수 있습니다. 그렇게 생긴 내적 동기는 어떤 금전적인 것으로도 대체할 수 없습니다. 프리랜서가 점점 많아지면서 긱 이코노미Gig Economy가 활성화되고 있는 지금, 주도성을 찾아야 합니다.

이제 우리는 외적 보상을 통한 동기부여는 잊을 필요가 있습니다. 또한 '어떤 것을 하면, 이것을 주겠다'라는 'If then' 사고를 잊어버려야 합니다. 'If then' 사고는 작은 것들은 성취할 수 있지만 지속성이 약하고, 자신의 원대한 꿈을 이루기는 어렵기 때문입니다.

사실 우리는 어렸을 적부터 'If then' 사고를 배워왔는지도 모릅니다. 부모님은 "A를 하면, B를 해줄게"라고 자주 말하곤 했죠. 그런 사고에 익숙하면 더 큰 보상을 바라게 되고, 성인이 되어서도 보상이 없으면 스스로 동기를 부여하지 못하는 상황이 오게 됩니다. 이제는 외부로부터의 동기가 아닌 내 안으로부터의 동기에 집중해야 합니다.

쉼이야말로 더 멀리 가기 위한 여정

The power of time off

새로움이란 쉼 그 자체 속에서 나옵니다.
쉼이란 무언가를 하지 않는 것이 아닙니다.

쉼이란 무엇일까요? 사람들은 쉼을 어떻게 생각하고 있을까요? 이제는 이런 질문이 낯설지 않습니다. 아이러니하게도 일의 자동화는 사람에게 더 많은 쉼을 제공하고 있습니다. 이제 사람들은 어떻게 일을 효율적으로 할지 고민하는 것뿐만 아니라 남는 시간을 어떻게 효율적으로 보낼지도 생각하게 되었습니다.

'멍 때리기'는 쉼을 위한 하나의 과정이고, 사람들은 '멍 때리기'를 점점 긍정적으로 보고 있습니다. 그래서 2014년부터 한강에서 매년 '멍 때리기 대회'까지 개최되고 있습니다. 실제로 멍 때리기는 사람의 뇌 활동에 긍정적 영향을 준다는 연구결과까지 발표되고 있기도 합니다. 사람에게 낮잠이 좋은 것처럼 멍 때리기도 좋은 것이죠. 이런 '멍 때리기' 같은 쉼이 우리 삶에는 어떤 영향을 미칠까요?

1년간의 휴식 실험, 그 결과는?

뉴욕에서 디자인 스튜디오를 운영하는 슈테판 자그마이스터 Stefan Sagmeister는 그래픽 디자이너이자 타이포 그래퍼입니다. 그는 테드 강연에서 7년마다 1년간의 휴식기를 가진다고 이야기합니다. 쉬는 동안 그 전에 해보지 못한 실험적 일이나 달성하기 어려운 일을 하는 것이죠.

만약 여러분이 회사의 CEO라면 그렇게 할 수 있을까요? 1년 동안 회사 문을 닫는 것은 웬만한 자신감이 아니면 쉬운 일이 아닙니다. 만약 문을 닫더라도 1년 동안 수많은 걱정 속에서 살게 될 것입니다. 기존 고객사들이 1년 후 다시 찾아온다는 보장도 없을뿐더러 업계가 어떻게 바뀔지도 모르기 때문입니다. 물론 업종에 따라 다를 수는 있습니다.

● 향수 패키지 디자인
출처 : the one club for creativity

● 책 속의 유리눈 디자인
출처 : 슈테판 자그마이스터 테드 강연

하지만 저는 그가 왜 1년간 쉬는지 아는 것이 중요하다고 생각합니다. 그는 자신이 하던 일에 익숙해져 새로운 것을 찾았습니다. 기존에 수행하던 뮤지션을 위한 영상과 패키징을 만들면서 익숙해지고 지루해지는 것을 느꼈다고 합니다. 특히 책 속의 유리눈 디자인, 이와 유사한 형태의 향수 패키지 디자인을 하면서 말이죠. 그래서 그는 1년 동안 스튜디오를 닫았습니다.

일반인의 눈에는 다르게 보이는 디자인도 전문가에게는 동일하게 보이는 것 같습니다. 아이디어의 본질이 같다고 생각한 것이죠. 하지만 대다수의 사람은 자신이 하는 일을 조금만 바꿀 뿐 새로운 것을 생각하지 않으려 합니다. 그리고 어느 순간 그것에 익숙해져 같다는 생각도 하지 못하죠. 저도 회사를 다닐 때 변화를 추구하지만 항상 틀 내에서 움직였던 것 같습니다. 변화에 대한 두려움보다 거부감이 더 컸던 것이죠.

슈테판 자그마이스터는 사람의 일생을 85세를 기준으로 출생 후 25년은 학습, 이후 40년은 직장생활, 약 15년은 은퇴 기간이라고 생각합니다. 그는 조나단 하이트Jonathan Haidt가 말한 3가지의 일을 이야기합니다. 첫 번째는 직업으로서의 일이죠. 말 그대로 돈을 벌기 위한 일입니다. 두 번째는 커리어로서의 일입니다. 승진을 위한 것이죠. 마지막으로 막스 베버Max Weber가 말한 소명의식입니다. 돈에 얽매이지 않고 하고 싶은 것을 하는 것입니다. 소명의식을 가져야 하지만 그게 쉬운 것은 아닙니다. 많은 사람이 소명의식을 가지고 할 수 있는 일을 찾죠.

자연에서의 쉼으로 일의 가치를 찾다

그는 어디서 일의 가치를 찾았을까요? 바로 자연입니다. 그래서 첫 번째 안식년은 뉴욕에서 보냈지만 두 번째는 발리에서 보냈습니다. 그는 발리라는 장소에서 여러 영감을 얻었다고 합니다.

첫 번째 작업은 모기가 많은 장소였기에 모기를 물리치는 글자였습니다. 다음은 아침 산책을 방해한 야생견을 위한 작업이었습니다. 99마리의 개의 초상화를 프린트한 티셔츠를 제작했죠. 이 뿐만이 아닙니다.

그는 '지금 내가 여기 있다Be Here Now'라는 커피 테이블을 만들기도 했습니다. 이 테이블에는 330개의 나침반이 있습니다. 자석이 내장되어 있는 에스프레소 잔도 만들었습니다. 에스프레소 잔을 나침반 위에 움직이면 나침반들은 에스프레소 잔을 중심으로 움직입니다.

이 아이디어는 참신합니다. 나침반과 에스프레소 잔을 통해 생각지도 못한 나만의 테이블을 만들었기 때문입니다.

어쩌면 새로움이란 쉼 그 자체 속에서 나오는 것인지도 모릅니다. 똑같은 환경, 사람 속에서 새로움을 찾는다는 것은 쉬운 일이 아니기 때문입니다. 결국 쉼이란 단순히 무언가를 하지 않는다는 것이 아닙니다. 오히려 쉼은 새로움을 위한 동력입니다.

● 모기퇴치 글자
출처 : 슈테판 자그마이스터 테드 강연

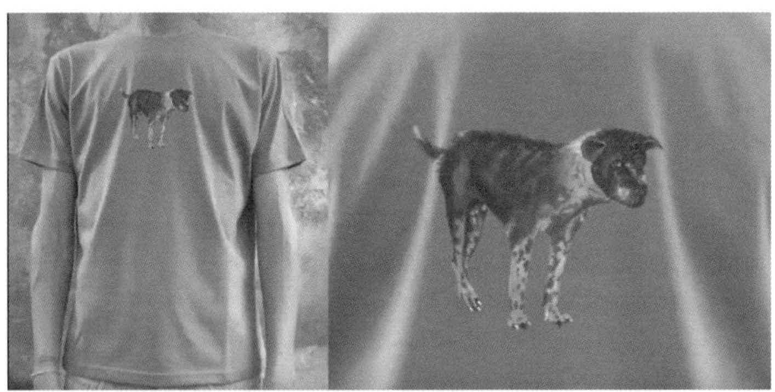

● 야생견 초상화 시리즈 셔츠
출처 : 슈테판 자그마이스터 테드 강연

● '여기 내가 있다' 커피 테이블
출처 : www.pinterest.co.kr

하버드비즈니스스쿨의 레슬리 펄로우Leslie Perlow와 제시카 포터Jessica Porter는 BCG 컨설팅사를 대상으로 쉼에 대한 실험을 진행했습니다.* 컨설팅은 기본적으로 업무 강도가 매우 높은 편이라 쉼에 대한 실험을 하기에 매우 적합합니다. 실험 결과, 컨설턴트 직무만족도, 장기 커리어, 일과 삶의 균형, 학습 및 개발, 소통의 개방성, 가치 전달 측면에서 실험을 진행하지 않은 팀에 비해 높은 결과를 보였습니다.

* Leslie Perlow, Jessica Porter, *Making time off predictable-and required*, Harvard Business Review 87(10), 2009.

레슬리 펄로우 교수는 이런 연구 결과를 바탕으로 '생산성 제고의 날Enhanced productivity days'이 필요하다고 말합니다.* 업무에 대한 집중도 중요하지만 쉼도 그만큼 중요하기 때문입니다. 오전 9시부터 저녁 6시까지 1년 내내 쉼 없이 일한다면 어떻게 될까요? 열심히 일한 만큼 역량과 성과는 높아질까요? 일시적으로 그렇게 될 수 있지만 우리가 흔히 이야기하는 번아웃 상태가 될지 모릅니다.

이런 안식년을 활용해 성공한 사람으로는 또 누가 있을까요? 바로 페란 아드리아Ferran Adria입니다. 그는 스페인 요리사로 지금은 문을 닫았지만 세계 최고의 레스토랑인 엘 불리를 운영했습니다. 또 엘 불리는 미쉐린 가이드 3스타, 세계 최고의 레스토랑에 5회 선정되었습니다.

국내에 그가 쓴 『패밀리 밀The Family Meal』이라는 책이 소개되기도 했습니다. 세계 최고의 요리사인 그는 1년에 6개월만 문을 연다고 합니다. 하루에 오직 50여 명에게만 저녁 식사를 제공합니다. 슈테판 지그마이스터가 테드에서 강연을 할 때는 이 레스토랑이 존재했지만 지금은 엘 불리재단으로 바뀌어서 그의 요리를 맛볼 수가 없습니다.

---

* Leslie Perlow, *Manage your team's collective time*, Harvard Business Review 92(6), 2014.

쉼은 결과보다는 과정을 즐기는 삶

이처럼 쉼이란 한 발 더 나아가기 위한 과정일 수 있습니다. 정해진 시간 내에서 빠르게 무언가를 해야 한다는 강박감은 사람을 지치게 만듭니다. 때론 어느 정도의 긴장과 압박은 창의력을 높일 수 있습니다. 하지만 반복되는 압박감은 오히려 사람을 지치게 만듭니다.

지금 우리에게는 쉼이 필요합니다. 바쁜 출퇴근 시간이지만 조금은 여유를 갖고 주변을 보며 걸어보면 어떨까요? 주말에 TV를 보고 쉬는 것도 좋지만 잠시 동네를 천천히 한 바퀴 돌면서 우리 동네에는 무엇이 있고 어떤 사람들이 살고 있는지 찬찬히 살펴보는 것은 어떨까요?

철학 교수인 피에르 쌍소Poerre Sansot는 책 『느리게 산다는 것의 의미Du bon usage de la lenteur』에서 한가로이 거닐기, 듣기, 꿈꾸기, 기다리기, 글쓰기 등을 제안합니다. 느리게 산다는 것은 게으르게 사는 것이 아닙니다. 현재 내가 누리고 있는 삶 자체를 즐기는 것입니다. 한가로이 거닐기에 대한 피에르 쌍소의 말을 음미해보길 바랍니다.

"한가로이 거니는 것. 그것은 시간을 중단시키는 것이 아니라 시간에 쫓겨 몰리는 법 없이 오히려 시간과 조화를 이루는 것이다. 그것은 구애받지 않는 자유로움을 의미한다. 따라서 더이상 긴장감 속에서 경계심을 품은 채 이 세상을 조사·관찰하지 않아도 된다."*

지금으로부터 20년 전에 나온 이 책은 지금도 우리 삶에 많은 통찰을 줍니다(2000년에 출간된 피에르 쌍소의 『느리게 산다는 것의 의미』는 2014년 『느리게 사는 것의 의미』로 개정되었다). 20년 전에 이런 생각을 했다는 것이 더 놀라울 뿐입니다.

워라밸을 중시하는 지금, 단순히 일과 삶의 균형이 아닌 우리 삶에서 의미를 찾아보는 생각을 가져보는 것은 어떨까요? 쉼이 곧 삶의 의미와 가치를 찾는 일이란 생각을 이번 기회에 가져보는 것은 어떨까요?

---

* 피에르 쌍소 지음, 강주헌 옮김, 『느리게 사는 것의 의미』, 공명, 2014.

연결보다 소통에 집중하는 삶

Connected, but alone?

SNS에서의 관계에 얽매이고 있나요?
관계의 본질을 제대로 알아야 합니다.

주말 아침, 누군가의 신경질적인 목소리에 잠이 깬 적이 있습니다. 아내가 기계와 싸우고 있는 소리였습니다. '기계와 싸우고 있다는 게 무슨 소리야'라고 생각하겠지만 분명 아내는 기계와 싸우고 있었습니다. "기가지니, TV 틀어줘." "기가지니, TV 틀어 달라고!" 음성인식 스피커가 명령을 잘 인식하지 못하자 아내가 화가 난 것입니다.

상황을 보고 있자니 말이 나오지 않았습니다. 한편으로는 우리가 이제 기계와 대화를 하며 마치 사람하고 대화하는 것처럼 신경질도 내고 있는 상황까지 왔다는 생각이 들기도 했습니다. 스마트폰 메신저로도 모자라 음성인식 스피커와 씨름을 하고 있는 것이죠.

기술은 우리의 일상으로 깊숙이 침투했습니다. 이런 기술은 분명 물질적인 측면에서 우리의 생활에 많은 장점을 가져다주었습니다. 멀리 있는 사람과 만나지 않아도 손쉽게 대화할 수 있고, 심지어 얼굴을 보면서까지 이야기할 수 있는 상황입니다. 그것도 무료로 말입니다.

기술은 사람을 연결시키는가, 단절시키는가?

이런 상황을 보다 보면, 기술이 사람 간의 관계를 자연스레 멀어지게 하고 있다는 생각이 듭니다. 그래서 셰리 터클Sherry Turkle은 테드 강연에서 이렇게 말합니다.

> "우리가 지금 마음껏 누리고 있는 기술이
> 때로는 우리를 원치 않는 곳으로 데려다놓는다."

이미 우리는 알고 있습니다. 외로움에 점점 익숙해지고 있다는 것을요. SNS의 발달은 내가 모르는 수많은 사람과 연결시켜주고 있고, 사람들 또한 그것을 원합니다. 하지만 그런 연결은 한편으로는 우리를 누군가와 단절시킵니다.

과거에는 무언가를 생각하기 위해서 스스로 외로움을 택했습니다. 혼자만의 시간을 가지며 생각을 정리하고, 그 시간 동안 자신에 대해 생각했습니다. 하지만 지금은 어떤가요? 다양한 SNS에 연결되어 있지만 그 연결의 시간은 내 주변 사람들과의 단절을 만들어내고 있습니다. 셰리 터클의 이야기처럼 모든 사람이 함께 외로워지고 있고, 우리는 SNS 생활에 너무나도 익숙해지고 있습니다.

회사에서는 상사가 메신저로 업무를 지시하는 일이 자연스러워졌고, 동료들끼리도 메신저로 대화를 합니다. 굳이 회사에서 서로 만나서 이야기할 필요도 없지만 메신저로 대화하는 것이 편하기 때문입니다. 물론 이렇게 메신저로 소통하는 것이 편하고, 효율성이 좋을 수도 있습니다. 하지만 텍스트로 전달되는 메시지는 불필요한 소통을 만들게 하고, 의미 전달이나 맥락을 파악하기 어렵게 만듭니다.

메신저를 대화하는 것이 정말 더 효율적으로 업무를 가능하게 했는지 생각해본 적이 있나요? 오히려 '왜 이렇게 못 알아 듣는 거야! 답답하게!'라고 속으로 말한 적은 없나요? 아마 한 번 정도는 이런 상황에 빠졌을 것이라 생각합니다. 업무라는 것이 정말 단순 작업이라면 상관없지만, 대부분의 업무는 생각을 필요로 하고 지시하는 사람의 상황을 파악하는 것이 필요합니다.

페이스북, 블로그 등으로 수많은 사람과 연결되어 있는 지금, 우리는 더 외로워지고 있습니다. 분명 수천 명의 사람들과 관계를 맺고 있지만 그 관계는 SNS에서의 관계일 뿐입니다.

물론 SNS 관계가 진짜 사람 간의 관계로 발전하는 경우도 있지만, 많지는 않습니다. 그래도 이러한 SNS 관계를 통해 사람들은 위로를 받고, 진짜 친구만큼이나 의존하는 경향이 많습니다. 익명성을 통해 말 못하는 사정을 상담받기도 하죠. 기술의 발달에 따른 사람 간의 관계 변화는 연결을 원하는 사람의 본성을 이용하지만 오히려 외로움에 빠트리고 있습니다.

성찰이 없는 연결과 단절의 삶

이러한 연결과 단절은 사람이 기본적으로 가져야 할 성찰 능력을 잃어버리게 만듭니다. SNS에 쓰고 지우고, 필요하면 더 짧게 이야기하며 소통하면서 사람 간의 관계를 간단히 정리해버립니다. 사람 간의 관계는 쉽게 정리할 수 없는데 우리는 기술의 힘을 활용해 쉽게 끝내버립니다.

셰리 터클은 사람이 성장하는 데 있어 대화가 중요하다고 말합니다. 하지만 그 대화를 우리 주변의 기술들이 불필요하게 만들고 있습니다. 사실 요즘 일상을 되돌아보면 메신저로 대화하는 날이 전화를 하거나 만나서 대화를 하는 것보다 더 많아지고 있습니다. 그리고 만나서 대화를 하는 것을 불필요한 시간이라고 생각하게 합니다. 정말 대화를 어떤 하나의 수단으로 생각하게 된 거죠.

셰리 터클은 이야기합니다. "당신이 '나 지금 엄마 생각중이야. 사랑해'라는 메시지를 딸한테 받았을 때, 여러분은 어떤 생각이 드나요?" 현재 딸과의 상황과 관계에 따라 다양한 의미를 가질 수 있습니다. 그리고 저런 말들이 메시지만으로 정말 서로를 이해하는 데 있어 얼마나 도움이 될까요?

우리가 대화를 하는 것은 단지 소통이란 목적 하나만 있는 것이 아닙니다. 대화를 통해 상대방을 이해하기도 하고, 때론 나를 이해하기도 합니다. 그리고 그 과정 속에서 사람 간의 관계를 생각하며 자신을 되돌아봅니다.

하지만 그런 대화를 단지 몇 마디 말로만 전달했을 때, 과연 제대로 된 인간관계를 형성할 수 있을까요? 보디랭귀지라는 말이 있듯이, 우리는 문자 외에도 다양한 형태로 소통을 합니다.

성찰의 시간이 혼자 일어설 수 있는 힘을 주다

애플의 시리, 소셜 로봇 등은 사람들의 친구가 되려고 노력합니다. 하지만 설사 그런 것들이 사람들의 말을 들어주고 친구 같은 느낌이 들더라도 사람을 제대로 이해하지 못합니다. 사람을 잠시 편안하게 해줄 수는 있습니다. 셰리 터클은 사람의 말에 공감하는 로봇을 보며 '저 로봇은 공감하지 못해. 죽음을 맞아본 적도 없어. 삶이 뭔지를 몰라'라는 생각을 했다고 합니다. 물론 이런 생각은 셰리 터클이 정신분석학, 기술심리를 연구했기 때문일지도 모릅니다. 한편으로는 기술이란 것이 사람들의 취약한 부분을 잘 파고들었기 때문이기도 합니다.

즉 기술은 사람들의 관심사를 언제든지 볼 수 있게 해주고 사람들의 말을 들어주고 혼자가 아닌 것처럼 해주었습니다. 이는 그녀의 말처럼 '나는 공유한다. 고로 존재한다'라는 상황입니다. 그녀는 기술을 활용하지 말자고 이야기하지는 않습니다. 다만 사람들이 서로를 인식할 수 있는 관계를 만들자는 것이죠. 이를 통해 스스로를 성찰할 수 있는 시간을 갖자는 것이죠. 우리의 아이들이 스스로 고립되는 것이 아니라 혼자 설 수 있는 힘을 만들어주어 더 외롭지 않게 하고 싶은 거죠.

어쩌면 지금 우리에게 필요한 것은 '관계의 본질은 무엇인가'

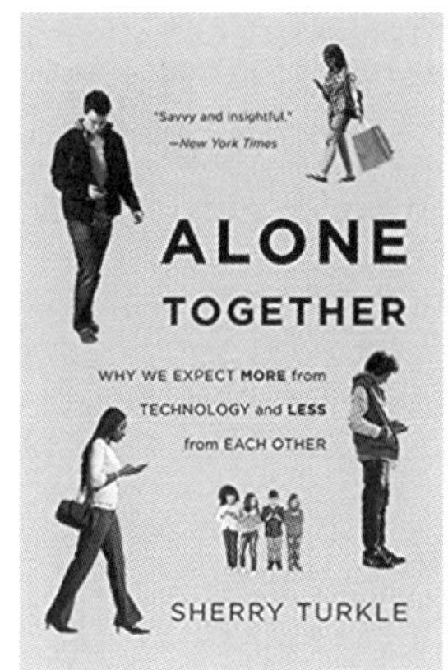

● 셰리 터클의 저서
『외로워지는 사람들(Alone Together)』
출처 : www.amazon.com

일지도 모릅니다. SNS를 통해 연결되어 있으면 우리는 관계를 갖고 있는 것일까요? SNS 친구들로부터 '좋아요'를 받거나 '댓글'이 있으면 좋은 관계일까요?

기술의 발달로 수많은 사람과 관계를 맺을 수 있는 지금, 우리는 관계에 대해 생각해볼 필요가 있습니다. 기술은 결국 사람 간의 관계를 이어주는 하나의 수단이기 때문입니다.

많은 페북 친구가 있음에도 사람들의 외로움은 커져만 가고, 온라인상의 친구들만 존재하는 사람들도 생겨나고 있습니다. 이런 현상은 우리에게 무엇을 말해주는 것일까요? 셰리 터클의 책 『외로워지는 사람들Alone Together』은 지금의 현상을 가장 잘 설명해주는 말인 것 같습니다. 많은 사람이 가지고 있는 카톡의 단톡방은 어쩌면 이 말을 가장 잘 대변해주는 모습이 아닐는지요.

성공을 위한 시크릿 코드는 없다

5 ways to kill your dreams

꿈 그 자체도, 삶도 목표가 아닙니다.
목표 자체를 즐길 줄 알아야 합니다.

지금 누군가 저에게 "꿈을 가져라"라고 이야기한다면 저는 이런 단어를 떠올릴 것입니다. '부러진 사다리.' 저뿐만 아니라 특히 밀레니얼 세대에게 '꿈'이란 단어는 그리 긍정적인 단어가 아닙니다. 금수저와 흙수저로 대변되는 사회구조는 이미 자신이 노력하기 전에 형성되어 꿈을 갖는다는 것 자체가 힘든 일이 되어버렸기 때문이죠.

그래서 이번에는 '당신의 꿈을 없애는 5가지 방법'이라는 테드 강연을 소개하고자 합니다. 꿈과 성공에 대해 생각을 해보게 하는 강연입니다. 이 역설적인 제목을 통해서 내가 생각하는 성공에 대한 기존 관념을 깨트리고, 새롭게 앞으로 나아갈 길을 찾을 수 있을지도 모르겠습니다.

꿈을 이루지 못하는 5가지 방법

왜 우리는 꿈을 이루지 못하는 걸까요? 벨 페시Bel Pesce는 꿈을 이루지 못하는 5가지 방법을 역설적으로 제시합니다.

꿈을 이루지 못하는 첫 번째 방법은 하룻밤에 성공할 수 있다고 믿는 것입니다. 그녀는 하룻밤에 모바일 앱을 개발해 많은 돈을 번 사람이 있다고 한번 생각해보라고 말합니다. 수많은 게임 앱들이 우리 주변에도 있습니다. 그 중에는 대박난 앱도 많이 있죠. 하지만 그들의 성공 스토리는 하룻밤에 뚝딱 나오지 않았습니다. 하룻밤에 대단히 성공적인 결과를 만들 수 있을까요? 그렇지 않습니다.

그녀는 그들이 성공한 이면을 파다 보면 성공한 사람은 석사를 마치고 박사까지도 해낸 사람이라는 것을 알 수 있다고 합니다. 또 성공한 사람은 20년 동안 해당 모바일 앱의 주제에 대해서 공부한 사람이라고 말합니다. 이건 가상이지만 결국 성공이란 오랜 시간이 걸린다는 것이죠.

우리는 누군가의 성공을 볼 때 그 이면을 보기보다는 그 사람의 현재 모습만 보려고 합니다. 하지만 성공의 이면에는 수많은 노력과 시간이 축적되어 있습니다. 말콤 글래드웰Malcolm Gladwell이 말해 유명해진 '1만 시간의 법칙'처럼 말이죠. 어떤 분야의 전문가가 되려면 최소한 1만 시간 정도의 훈련이 필요하다는 '1만 시간의 법칙'이 수학 이론처럼 정립된 것은 아니지만 그만큼 우리의 성공에는 많은 노력이 필요하다는 것을 알려줍니다.

벨 페시 또한 평범한 가정에서 자랐고 MIT에 합격했지만 이는 17년 동안 열심히 생활한 결과라고 말합니다. 즉 그녀가 말하고자 하는 것은 성공이란 결국 꾸준한 노력에 의해 이룰 수 있다는 것입니다. 우리가 흔히 언론에서 보는 성공한 사람들의 이면에는 수많은 노력의 흔적이 존재합니다. 사실 한순간에 성공한 사람은 극히 드뭅니다. TV 드라마에서 나오는 것처럼 말 못할 역경과 고난을 겪죠.

꿈을 이루지 못하는 두 번째 방법은 누군가가 자신을 위한 답을 가지고 있다고 믿는 것입니다. 세상에 올바른 답은 없습니다. 과거에는 답이었지만 현재에는 답이 아닐 수도 있습니다. 그래서 사람들은 다른 사람들에게 조언을 구합니다. 그 조언을 듣고 A라는 길을 가기도 하고, B라는 길을 가보기도 합니다. 하지만 그 길을 가다 보면 우리는 또 다른 선택의 기로에 서게 됩니다. 다른 사람들이 제시해주는 답이란 어떤 방향성을 제시해주는 것이지 해답을 말해주는 것은 아니기 때문입니다.

아무도 자신을 위한 해답을 가지고 있지 않습니다. 하지만 우리는 누군가가 나의 문제에 대한 해답을 가지고 있다고 믿습니다. '그 많은 사람 중에 내가 겪은 문제에 대한 답을 가지고 있는 사람이 없을까'라고 생각하는 것이죠. 하지만 정말 그런 답을 갖고 있는 사람이 있을까요? 우리가 흔히 '케이스 바이 케이스'라는 말을 많이 합니다. 이 말은 결국 정답이란 없다는 것이죠. 그렇지 않을까요? 누군가가 정말 답을 가지고 있다면 지금 우리가 고민하고 있을 필요가 없지 않을까요?

세 번째 방법은 성공에 도달했다고 확신하고 안주하는 것입니다. 자신의 삶이 잘 풀리고 누군가와 함께하고 훌륭한 팀을 만들어 수익이 창출될 때 사람들은 안주하기 시작합니다. 벨 페시는 첫 책을 출간한 후 브라질 전역에 책이 배포될 수 있도록 정말 열심히 일했다고 합니다. 그 결과 300만 명 이상이 그 책을 다운로드 받았고, 5만 명 이상이 책을 샀습니다. 그녀가 후속작을 썼을 때도 어느 정도 성공은 보장되어 있어 굳이 어떤 노력을 하지 않아도 잘 팔렸을 것입니다.

하지만 누구나 알듯이 항상 끝났다고 해서 다 끝난 것이 아닙니다. 또 다른 정상을 찾기 위해 노력해야 한다고 벨 페시는 말합니다. 그랬다면 20만 명 이상이 책을 읽었을 것이고, 더 나아가 그 수치를 수백만 명으로 끌어올렸을 것입니다. 이것이 그녀가 브라질의 모든 지역에 새 책을 홍보하러 다니기로 결심한 이유이기도 합니다. 그녀는 이미 더 높은 정상을 볼 수 있고, 이젠 안주할 시간이 없다고 합니다.

네 번째 방법은 남 탓을 하는 것입니다. 사실 많은 사람이 으레 남 탓을 합니다. 저도 습관적으로 남 탓을 하곤 합니다. 남을 정말 탓하기보다는 자신을 방어하기 위해 무의식적으로 남 탓을 하게 되는 것이죠. 그녀도 남 탓을 하는 사람을 많이 봤다고 말합니다.

"나한테 정말 좋은 아이디어가 있는데 투자자들은 투자할 생각을 안 해." "내가 정말 훌륭한 제품을 개발했는데, 시장 상황이 좋지 않아서 판매가 잘 안 되는 것 같아." "우리 팀에는 우수한 인재가 없어. 정말 기대 이하의 팀이야." 이런 말들은 사실 주변에서 많이 듣는 말 중의 하나입니다. 우리는 습관적으로 좋지 않은 상황을 누군가의 탓으로 돌리는 말을 하기 때문입니다. 그래서 그녀는 이렇게 말합니다.

"꿈이 있다면 꿈이 이루어질 수 있도록 하는 것은
너의 책임이야."

시장 상황이 나쁠 수도 있습니다. 하지만 누군가가 당신의 아이디어에 투자하지 않는다면 그것은 당신에게 문제가 있을 수 있다는 의미입니다. 누구나 꿈을 이루려고 합니다. 하지만 꿈을 이루지 못하는 것은 다른 사람의 잘못이 아닌 자신의 잘못입니다. 어쩌면 당연한 말인지도 모릅니다. 그 사실을 우리는 외면하고 있었는지도 모르겠습니다. 물론 출발선이 다를 수 있습니다. 그렇지만 자신의 노력에 의해 자신이 도달할 수 있는 결승점은 다를 수 있습니다.

마지막으로 다섯 번째 방법은 꿈 자체에 매몰되지 않는 것입니다. 그녀는 한 광고 사례를 이야기합니다. 많은 친구가 있습니다. 그들은 매우 높은 산에 오르려고 합니다. 매우 고된 일이어서 땀도 많이 흘립니다. 하지만 계속 올라갔고 결국 정상에 다다랐습니다. "우리가 해냈어, 드디어 정상이야"라고 서로 축하했죠. 한 친구가 2초 후에 말합니다. "됐고, 이제 내려가자."

꿈 그 자체는 목표가 아닙니다. 삶도 목표 그 자체가 아닙니다. 우리는 목표 그 자체를 즐겨야 합니다. 사람들에게는 많은 꿈이 있습니다. 그 꿈을 이룰 때마다 거기에는 행복이 존재하는 기적의 장소가 있다고 생각합니다. 하지만 꿈을 이룬다는 것은 순간적인 감정입니다. 삶이란 그렇지 않습니다. 수많은 꿈을 이루는 유일한 길은 꿈으로 가는 여행의 모든 단계를 즐기는 것입니다. 그것이 최선입니다.

이런 여정은 여러 단계가 있고, 어떤 단계로 바로 올 수도 있습니다. 때로는 짧은 여정을 거칠 수도 있습니다. 하지만 바로 온다면 축하하면 됩니다. 만약 짧은 여정을 거쳐야 한다면 배워야 할 것이 뭐가 있는지 잘 생각해보세요.

이런 벨 페시의 생각은 앞에서 다룬 에밀리 에스파하니 스미스의 생각과 같습니다. 그녀는 앞서 보았듯이 행복 그 자체보다는 삶의 의미에 집중하라고 말했습니다. 우리 인생에서 정말로 중요한 것은 '내가 무엇을 하고 있고 그 과정 속에서 나는 어떤 삶의 의미를 가지고 있었는지'입니다.

벨 페시는 지금
어떤 삶을 살고 있을까?

그럼 벨 페시는 어떤 삶을 살았을까요? 그리고 현재 무엇을 하고 있을까요? 그녀는 MIT를 졸업하고 실리콘밸리에서 일했습니다. 그후에 브라질로 돌아와 BeDream, Enkla, FazINOVA라는 3개의 플랫폼을 현재 운영하고 있습니다.

BeDream은 멘토를 찾는 사람들을 연결해주는 플랫폼입니다. Enkla는 책과 관련된 플랫폼으로, 무료로 책을 볼 수도 있습니다. FazINOVA는 사람들의 실행력을 높이고 자신의 문제를 해결할

● "나는 공부에 중독되었다"라는 말이 쓰여진 벨 페시의 홈페이지
출처 : belpesce.com

수 있는 다양한 온라인 과정을 제공하고 있습니다.

그녀는 꿈이 아닌 꿈으로 가는 여정을 실천하고 있습니다. 그녀의 홈페이지에 들어가면 그녀의 열정적인 삶을 간접적으로 느낄 수 있습니다. '나는 공부에 중독되었다'라는 말이 인상적입니다. 저 또한 공부를 즐기지만 '중독이란 말을 쓸 수 있을까'라는 생각이 듭니다.

저는 이 책을 보는 분들도 분명 꿈을 위한 여정을 즐기면서 꿈을 이루지 못하는 5가지 방법이 아닌, 꿈을 이룰 수 있는 자신만의 5가지 방법을 찾을 수 있을 것이라고 확신합니다. 삶 그 자체를 즐기다 보면 결국 꿈을 떠나 그 삶의 여정 속에서 자신의 또 다른 인생을 찾을 수 있을 것입니다.

테드에서 떠올린 생각

본질, 몰입, 행복, 성공의 순환고리

사람에게 무엇보다 중요한 것은 삶의 의미입니다. 어쩌면 우리는 이 의미를 찾기 위해 수많은 시간을 고민하고, 어쩌면 죽을 때까지 고민할지 모릅니다. 하지만 고민 없는 삶보다 고민하는 삶이 삶의 여정을 더 즐겁고 행복하게 만들지 모릅니다. 삶의 본질이 무엇인지를 고민하며 스스로를 무언가에 동기부여하는 것은 어떤 다른 삶보다 성공적인 삶일지도 모릅니다. 다음 질문들에 대해 생각해보며 본질, 몰입, 행복, 성공의 순환고리를 생각해보길 바랍니다.

1. [본질] 당신은 어떤 삶을 원합니까?

2. [몰입] 당신은 그 삶을 위해 어떤 노력을 하고 있습니까?

3. [행복] 그 노력의 과정은 당신의 삶을 어떻게 만들고 있습니까?

4. [성공] 당신의 삶에서 성공의 기준은 무엇입니까?

Technology
Entertainment
Design

리더란 참 어려운 존재입니다. 내부와 외부를
균형 있게 봐야 하고, 뭐 하나 소홀히 하지 말아야 합니다.
하지만 리더의 본질을 이해한다면 리더십이란 말이
굳이 필요하지 않을지도 모릅니다. 자율, 존중, 공감.
이 세 단어가 리더의 본질이 아닐까요?
테드를 통해 리더의 본질에 대해 알아보겠습니다.

02

테드와 리더

자율과 지성을 보여주라

내부 변화를 위해 외부를 봐야 한다

Learning from leadership's missing manual

안락한 조직 내부에서 변화를 논하지 말고
경험해보지 못했던 것을 찾아 떠나야 합니다.

지금처럼 빠른 변화는 이전까지 없었습니다. 어쩌면 앞으로 이보다 더 빠른 변화가 있을지도 모릅니다. 우리는 지금 변화의 소용돌이 속에서 살고 있습니다. 한 치 앞을 내다보기 어려운 세상에서 기업의 리더들은 어떤 의사결정을 해야 할지 고민에 빠집니다.

잠시 생각해볼까요? 스마트폰이 이처럼 시장을 장악할지 누가 알고 있었을까요? 음성 인식의 부상으로 오디오 콘텐츠의 인기가 올라갈 줄 누가 알고 있었을까요?

현재에, 과거를 돌아보고 그 당시의 상황에 대한 설명을 하는 것은 어렵지 않습니다. 당시에는 보이지 않던 것이 수면 위로 드러나서 다 볼 수 있기 때문입니다. 그래서 리더는 끊임없이 외부의 변화를 포착하고 빠르게 대응해야 합니다.

혁신을 위해서는 외부 변화를 포착하라

이번 테드 강연의 주인공인 필즈 위커-미우린Fields Wicker-Miurin은 조직 내 리더가 변하기 위해서는 내부가 아닌 외부를 보라고 말합니다. 여기에서 외부는 단지 외부환경을 이야기하지 않습니다. 경영에서 말하는 정치·경제·사회문화·기술 같은 메가트렌드를 보라는 의미가 아닙니다. 안락한 조직 내부에서 변화를 이야기하기보다는 자신이 경험해보지 못했던 것을 찾아 떠나라는 것입니다. 안락지대에서의 리더십은 큰 의미를 가지지 못하기 때문입니다. 그녀는 인도에서 비정부기구 NGO 활동을 하고 있는 산가미트라Sanghamitra를 이야기합니다.

산가미트라는 방갈로르(인도 남부의 카르나타카주의 주도) 출신으로 원래 직업은 영문학 교수였습니다. 영문학 교수와 NGO 활

● 필즈 위커-미우린이 운영하는 Leaders' Quest
출처 : leadersquest.org

동? 잘 와닿지는 않습니다. 그런 산가미트라가 어떻게 NGO 조직을 이끌게 되었을까요? 만약 여러분이 영문학 교수로 생활하고 있었다면 이런 문제에 관심을 가질 수 있었을까요?

산가미트라는 대학 교수라는 직업을 좋아했지만 자신이 세상과 너무 떨어져 있다는 느낌이 들었다고 합니다. 그래서 자신이 세상을 위해 무엇을 할 수 있을지 고민하다가 세상에서 가장 어려운 문제 중의 하나인 에이즈에 관심을 가졌습니다. 그리고 사마카샤Samraksha라는 조직을 만들었습니다.

산가미트라가 이런 관심을 가졌을 때는 1993년이었습니다. 이 당시 에이즈는 많은 사람이 두려워하는 질병 중의 하나였습니다. 현재에도 인도에는 300만 명이 넘는 에이즈 보균자가 있습니다. 산가미트라는 이들을 위해 자신의 지역에서 쉼터, 진료센터, 상담 서비스 등을 시작했습니다. 그녀는 이러한 활동이 자신의 지역을 넘어서 정부 차원에서도 이루어지길 원했습니다. 그리고 자신이 거주하고 있던 지역뿐만 아니라 주변 지역까지도 자신이 만든 프로그램들을 통해 2만여 명의 사람들을 돕고 있습니다.

필즈 위커-미우린은 산가미트라에게 물어봤다고 합니다. 어떻게 영문학에서 에이즈로 관심사가 바뀌었는지 말이죠. 산가미트라는 다음과 같이 대답했다고 합니다.

"모든 것이 연결되어 있습니다.
문학은 사람 자체를 세심하게 만들죠.
사람과 사람들의 꿈과 생각에 대해서도요."

매뉴얼이 아닌 사람에 집중하는 리더십

산가미트라의 말을 들으면, 리더십이란 결국 사람에 대한 관심입니다. 하지만 사람에 대한 관심이 단지 내가 지금 있는 조직에 대한 관심만 이야기하는 것은 아닙니다. 내가 있는 조직 밖에 있는 사람들에 대한 관심 또한 리더십의 일부입니다. 조직을 바꾸려는 노력은 밖으로부터 올 수 있기 때문입니다.

조직 내부에 있는 사람들에게 변화에 대해 관심을 가지라고 매번 말하는 것보다 더 확실한 것은 조직 밖에 있는 사람들이 현재 어떤 활동을 하며 살아가고 있는지를 보여주는 것입니다. 필즈 위커-미우린은 그것을 말하고 싶었을 것입니다.

필즈 위커-미우린의 테드 강연 제목인 'Learning from leadership's missing manual'은 좋은 리더가 되기 위한 경영학 법칙을 이야기하고자 하는 것이 아닙니다. 조직 내에 있는 수많은 리더십 매뉴얼에서 벗어나 경험을 해보라는 것입니다.

조직에는 리더를 위한 부하 직원 코칭 방법, 리더십 파이프라인 교육 등이 있습니다. 하지만 그 교육들을 가지고 리더를 양성한다고 해서 좋은 리더십이 발휘되지는 않을 것입니다.

그녀는 리더에게 미래를 생각해보라고 이야기합니다. 미래를 생각하는 방법은 연구소 자료나 뉴스를 보거나 전문가 의견 청취 등 다양합니다. 가장 중요한 것은 미래의 여러 징후들을 발견하고 이에 대응하기 위한 실행입니다. 그 실행의 바탕은 내부에서 외부로 시각을 돌리는 것입니다. 그리고 외부를 직접 경험해보는 것입니다.

필즈 위커-미우린은 이러한 리더십이 발휘된 사례로 아샤니카Ashaninka 부족의 리더 벤키Benki를 말합니다. 아샤니카 부족은 페루와 브라질에 살고 있는데, 벤키는 아마존에 살고 있습니다. 아마존은 불법 벌목으로 위협받고 있습니다. 여러분도 TV 다큐멘터리를 통해서 많이 봤겠지만, 아마존 밀림은 점점 줄어들고 있습니다. 벤키에게 있어 불법 벌목은 부족에게 큰 위협입니다.

벤키는 10살 때 그 부족의 리더가 되었습니다. 그리고 자신의 부족을 지키기 위해 숲을 보호할 필요가 있었고, 이를 위해 벤키는 18살이 되던 해 브라질 리우에서 열린 유엔 환경개발회의에 참석했습니다. 그리고 그 자리에서 지금 자신이 살고 있는 지역에 어떤 일이 벌어지고 있는지를 말했습니다.

자, 생각해볼까요? 유엔 회의에서 부족의 전통적인 모습으로 치장을 한 어린 청년이 말하는 모습을요. 쉬운 일은 아닐 것입니다. 벤키는 자신이 거주하고 있던 곳에서 벗어나 외부로 나아가면서 자신의 부족을 지키기 위한 다양한 아이디어를 생각했습니다. 그래서 학교도 세워 숲을 보호할 수 있는 방법도 알려주고, 협동조합을 만들어 다양한 생계수단을 만들어주기도 했습니다. 인터넷과 위성기술을 활용해 산림 파괴를 감시하기도 했죠.

만약 이 어린 청년이 그냥 아마존 밀림이 파괴되고 있는 것을 보고만 있었다면 어땠을까요? 자신의 부족이 있는 곳에서만 변화를 찾으려고 했다면 지금쯤 어떤 일이 일어나고 있을까요? 벤키는 스스로에게 질문해봤다고 합니다.

"조상들은 내게 숲을 보호하기 위해
무엇을 하라고 했을까? 나는 무엇을 해야 할까?"

리더라면 능동적 타성을 벗어나야 한다

런던비즈니스스쿨의 도널드 설Donald Sull 교수는 '능동적 타성Active Inertia'이라는 말을 제시했습니다. '능동적 타성? 타성이면 타성이지 왜 능동적이지'라는 생각이 들지 모르겠습니다.

능동적 타성이란 무엇일까요? 그는 좋은 기업이 왜 망가지는지에 대해 말하면서 핵심은 변화에 대한 조치를 취하지 않는 것이 아닌, 적절한 조치를 취하지 않는 것이라고 말합니다.* 즉 외부 변화에 따라 대응을 하지만 기존의 틀 내에서 움직이기 때문에 위대한 기업들이 무너진다고 말합니다. 새로운 환경에 맞는 새로운 방법이 필요한데, 이를 인식하지 못한 것이죠.

리더는 누군가를 변화시키는 역할을 가지고 있습니다. 그런데 이때 중요한 것이 무엇일까요? 변화를 위해 그저 부하 직원에게 무엇을 하라고 시키는 것이 과연 중요한 것일까요? 아니면 부하 직원에게 질문을 던져서 일에 대한 의미와 동기를 부여해주는 것이 중요할까요? 이 또한 중요하지만 더 중요한 것은 다음과 같은 것들입니다.

리더 스스로 자신이 진정한 리더가 되기 위해 중요한 것은 무

---

* Donald Sull, *Why Good Companies Go Bad*, Harvard Business Review 77(4), 1999.

엇일지, 그리고 내가 무엇을 해야 할지 질문을 던져보는 것입니다. 리더 스스로 변화를 위해 자신이 늘 보던 관점에서 벗어나 다른 시각을 찾아본다면 어떨까요? 새로운 시각을 찾기 위해 조직 내부가 아닌 외부로 눈을 돌려 진정한 리더가 해야 할 일을 생각해본다면 어떨까요? 조직의 구성원들은 그런 리더를 원하고 있을 것입니다.

필즈 위커-미우린이 운영하는 리더스퀘스트(leadersquest.org) 사이트에는 리더십 이론의 역사에 대한 짧은 자료가 올라와있습니다. 그 자료를 보면 과거에 우리는 리더를 영웅으로 생각했고, 위대한 리더는 타고난 것이라고 생각했습니다. 그래서 리더의 특성에 대한 연구가 많이 진행되었습니다.

하지만 시간이 지나면서 리더십에 대한 생각이 많이 바뀌었습니다. 이제 구성원과의 관계를 강조하는 이론이 대두되었고, 더 나아가 세상의 변화에 대응할 수 있는 변혁적 리더십이라는 것이 등장했습니다.

최근에는 복잡한 문제를 해결하기 위해 협력이 중요하다는 시스템 리더십 이론도 나왔습니다. 과거처럼 이제 리더십은 리더 한 명에 중점을 두는 것이 아닙니다. 집단을 통해 리더십이 발휘되고 있기 때문입니다.

이제 우리는 리더의 역할이 무엇인지 다시 한 번 생각해볼 때가 되었습니다. 리더와 구성원 간의 협력과 긴밀한 관계를 통해 새로운 리더십이 발휘될 필요가 있습니다.

이 새로운 리더십은 기존의 관성에서 벗어나 새로운 시각으로 구성원을 독려할 수 있어야 합니다. 사회적 기업가인 필즈 위커-미우린의 테드 강연 제목을 다시 한 번 생각해보면 좋을 것입니다.

'Learning from leadership's missing manual'

위대한 리더가 되기 위한 방법

What it takes to be a great leader

리더는 자신부터 먼저 돌아봐야 합니다.
그게 바로 진정한 혁신의 시작입니다.

팀, 리더십 등 조직을 이끌어가는 용어들이 이슈가 되고 있습니다. 이제는 더이상 위대한 사람 한 명만으로 조직을 이끌어나가기 어렵기 때문일지 모릅니다. 많은 사람이 위대한 리더를 찾지만 우리 주변에서 위대한 리더를 찾기란 쉽지 않은 일입니다.

위대한 리더는 도대체 어디에 있을까요? 위대한 리더가 되기 위한 방법은 무엇일까요? 글로벌 기업의 CEO는 위대한 기업일까요? 그러면 작은 기업의 CEO는 위대한 리더가 아닌 걸까요?

기업에서 리더십 교육에 많은 돈을 투자함에도 불구하고 위대한 리더가 나오지 못하는 이유는 무엇일까요?

이번 테드 강연에서는 위대한 리더에 대해 우리가 진지하게 고민해봐야 할 사항에 대해 이야기합니다.

위대한 리더가 되기 위한 3가지 질문

위대한 리더라고 하면 어떤 생각이 드나요? 조직 내에서 가장 뛰어나고 카리스마 있게 조직을 이끄는 사람이 떠오르나요? 로젤린드 토레스Roselinde Torress는 위대한 리더가 되는 방법에 대해 이야기합니다.

그녀는 BCG라는 글로벌 컨설팅 회사에서 수많은 리더를 만나봤다고 합니다. 그런데 리더들 중에는 분명 좋은 교육을 많이 받았음에도 불구하고 위대한 리더가 되지 못한 경우를 봤다고 합니다. 분명 그 리더들은 리더의 자리에 오르기까지 '리더는 어떻게 해야 하는지'에 대한 교육을 받았을 것입니다.

하지만 그들이 리더의 자리에 올랐을 때, 왜 위대한 리더가 되지 못했을까요? 위대한 리더를 만드는 것은 무엇일까요? 그녀는 위대한 리더가 되기 위해서는 3가지 질문에 대해 알 필요가 있다고 합니다.

첫 번째 질문은 '리더가 사업 모델의 변화를 예측하기 위해 어디를 보고 있느냐'입니다. 그녀는 이런 질문에 대한 답의 핵심에는 리더십 팀이 있다고 합니다. 리더는 현재 쉽게 예측할 수 없는 불연속적인 변화에 대응해야 합니다. 이런 대응은 리더 혼자서 할 수 없습니다.

1995년 이래로 기업 운영의 복잡성은 급격히 증가했습니다. BCG의 분석에 따르면 1995년 대비 2010년까지의 기업의 복잡성 지수는 무려 35배나 증가했습니다. 그래서 리더는 자신의 조직구성원과 함께 이러한 변화에 따른 영향을 파악하고 이를 통해 전략의 변화를 꾀해야 합니다. 리더와 조직구성원들은 함께 지속적으로 변화에 대응해 나갑니다. 리더 혼자서 이런 변화에 대응할 수는 없습니다.

두 번째 질문은 '리더의 개인적이고 전문적인 이해관계자 네트워크의 다양성은 어느 정도인가'입니다. 누구나 알고 있듯이, 자신이 편한 사람만 만난다면 새로운 것을 발견하기 어렵습니다. 리더는 편한 사람을 만나는 게 아니라 자신이 추구하는 목표를 위해 다양한 사람을 만나는 것이 중요합니다.

리더에게 통찰은 중요합니다. 리더의 의사결정 하나에 따라 기업의 운명이 좌지우지될 수도 있습니다. 그런데 유사한 사람들과 만나며 유사한 생각을 가지고 새로운 변화에 대응한다면 어떻게 될까요? 아마도 좋은 결과를 얻지 못할 것입니다.

그렇기 때문에 리더는 다양한 배경을 가진 사람들을 만나서 그 속에서 그동안 자신이 생각하지 못한 패턴과 사고방식을 찾고 이를 통해 조직 내 문제를 해결해나가야 합니다.

일본의 유명한 경영학자인 오마에 겐이치는 3년마다 자신이 만나는 사람들을 바꾼다고 합니다. 로젤린드 토레스 또한 이와 같은 맥락에서 이야기하고 있습니다. 현재 리더가 알아야 할 정보는 급격히 증가하고 있고, 의사결정의 불확실성 또한 높아지고 있습니다. 이에 대응하기 위해서는 지속적으로 자신과 지적, 경험적 배경이 다른 사람들을 만나며 새로운 것들을 끊임없이 습득해야 합니다.

마지막 질문은 '리더는 자신이 가지고 있는 기존의 성공방정식을 버릴 수 있냐'는 것입니다. 리더는 분명 리더의 자리에 오르기까지 수많은 성공을 해왔습니다. 그리고 자신만의 성공방정식에 대한 확신이 있습니다. 하지만 자신만의 성공방정식이 언제까지 활용될 수 있을까요? 앞서 보았듯이 기업의 불확실성은 높아지고 있습니다.

이제는 성공방정식에 매몰되기보다는 다양한 위험에 도전해야 합니다. 어떤 것을 행함에 있어 위험부담이 있다는 이야기를 하기보다 실제 도전하면서 위험에 대응해야 합니다.

고객개발을 위한 린스타트업은 빠르게 시제품을 만들어 테스트하면서 자신의 제품이나 서비스가 타깃 고객에게 적합한지를 테스트합니다. 리더도 이러한 전략이 필요합니다.

불확실성이 높아졌다고 해서 위험에 대한 분석만 한다면, 조직이 앞으로 나아갈 수 있을까요? 때로는 무모하게 보이는 것이라 하더라도 행동으로 이어질 때 그것이 정말 무모한 것인지, 의미가 있는 것인지 알 수 있습니다.

리더의 첫 100일,
무엇을 해야 할까?

리더가 되었을 때, 첫 100일 동안 어떤 일을 해야 할까요? 피터 톨먼Peter Tollman과 로젤린드 토레스는 우리가 기존에 알고 있던 잘못된 방법에서 벗어날 필요가 있다고 합니다.* 그들이 말하는 방법은 진정한 리더로 거듭나는 방법이기도 합니다. 그들은 리더가 표면적인 것뿐만 아니라 내적인 것에 대해서도 집중해야 한다고 합니다.

여러분이 리더가 되었다고 생각했을 때, 가장 먼저 무엇부터

---

* Roselinde Torres, Peter Tollman, *Debunking the Myths of the First 100 Days: The Right Way and the Wrong Way for New CEOs to Approach Their Role,* Boston Consulting Group, 2013.

할까요? 아마 대부분의 리더가 그 회사에 대해 공부하며 무엇을 해야 하고, 하지 말아야 할지를 생각할 것입니다. 혹은 어떤 것을 개선해야 할지 생각할 것입니다. 하지만 이런 표면적인 회사 공부는 리더 자신의 강점보다는 회사 운영의 현상유지 방안에 집중하게 만듭니다. 그리고 리더가 적극적으로 어떤 것을 행하기보다는 수동적으로 움직이게 만듭니다.

리더는 자신이 어떤 것을 선호하고 무엇에 동기부여가 되는지를 먼저 고민해야 합니다. 이를 통해 리더 자신뿐만 아니라 조직 구성원들이 바라는 것을 명확하게 정의하는 것이 필요합니다.

두 번째로는 과감하게 행동하되 먼저 명확하게 조직을 파악해야 합니다. 모든 리더가 과감한 행동을 통해 조직의 새로운 기운을 불어넣고 혁신을 하려고 합니다. 하지만 그 이전에 조직에 대한 이해가 먼저 필요합니다.

조직문화는 어떠하고 조직의 핵심 리더와 외부 이해관계자가 누구인지 파악해야 합니다. 그리고 자신의 비전을 조직 내에 전파할 수 있는 팀을 구성하고 그들과 함께 자신의 비전을 실행해 나가야 합니다. 단기적 성과를 위해 서두르기보다는 조직의 맥락을 잘 이해하는 것이 우선인 것입니다. 이를 통해 자연스럽게 조직의 혁신이 필요한 영역을 파악하고 조직을 성장시킬 수 있습니다.

세 번째로는 최고의 팀을 만드는 것이 아니라 팀 플레이를 할 수 있는 팀을 구축하는 것입니다. 새로운 CEO가 부임하면 항상 최고의 리더를 외부에서 영입하려고 합니다. 하지만 조직에 있어 중요한 것은 지속가능성입니다.

하나의 팀으로 구성되기 위해서는 서로 보완될 수 있고 건설적인 관계를 만들어갈 수 있다는 것을 보여주어야 합니다. 하나의 공통된 목표를 가지고 팀으로 움직여야 하는 것이죠. 또한 어떤 것을 성취하는 것보다 조직이 어떤 것을 성취할 수 있도록 운영되게 해주는 것이 필요합니다.

조직은 하나의 유기체입니다. 하나가 잘된다고 해서 전체가 잘 되는 것이 아닙니다. 슈퍼히어로가 조직을 살리기에는 지금의 현실은 너무 복잡하고 예상치 못한 일이 많습니다. 그래서 상호간의 신뢰를 구축하고 공통의 가치를 추구하는 데 집중해야 합니다.

마지막으로 자신이 조직 내에서 가장 현명한 사람이라고 생각하지 말고 경청해야 합니다. 리더는 분명 전문적인 지식을 가지고 있을 것입니다. 하지만 리더의 역할은 다릅니다. 리더는 자신의 전문적인 지식을 구성원에게 알려주는 것이 아닙니다. 리더는 조직의 큰 그림을 그리는 전사적인 시각을 가져야 합니다. 그런데 만약 리더가 산업의 디테일한 사항을 말하며 자신의 지적인 권위를 강조한다면 어떨까요? 조직구성원들은 그런 리더를 보면서 어떤 생각이 들까요?

리더는 산업의 전문지식을 가지고 조직을 운영하는 사람이 아닙니다. 그것보다는 자신이 하는 의사결정을 정교화시키고 주변의 조언에 대해 겸허히 수용하면서 조직을 이끌어가는 리더가 되어야 합니다.

또한 리더의 역할은 산업전문가가 아닙니다. 조직이 잘 운영될 수 있게 명확한 전략을 수립하고 이에 맞는 팀을 구성하고 육성하는 것이 리더의 역할입니다.

혁신의 시작은
리더 자신의 혁신으로부터

로젤린드 토레스가 말한 위대한 리더의 연장선상에서 리더가 된 사람들은 지금까지 말한 사항을 유념할 필요가 있습니다. 조직 내 각 직급별 역할이 다르듯, 리더 또한 조직의 최고경영자로서의 역할이 존재합니다.

지금처럼 빠르게 변화가 일어나는 시기에 우리는 위대한 리더가 필요합니다. 하지만 자신만의 성공방정식과 조직에 대한 이해 없는 과감한 혁신은 오히려 조직에 해가 될 수 있습니다.

위대한 리더의 시발점은 자신을 먼저 돌아보는 것입니다. 그것이 바로 혁신의 시작입니다. 혁신이 필요한 시대, 구성원에게 혁신을 강조하기보다는 조직을 혁신하기 위해서 무엇이 필요한지를 먼저 생각해보는 것이 필요합니다.

현재 리더 자신이 다음과 같은 일들을 하고 있는 것은 아닌지 생각해보면 좋을 것입니다.* 다음과 같은 행동 때문에 조직구성원을 침묵하게 만들고 혁신을 저해하고 있는 것은 아닌지 되돌아볼 필요가 있습니다.

- 정말 필요하지 않은 프로세스나 의사결정단계를 추가하지 마십시오.
- 문제에 대해 다른 사람의 생각이나 사고방식을 탓하지 마십시오.
- 리더가 직접 솔루션을 내려고 하지 마십시오.
- 금전적 인센티브에 의존하지 마십시오.
- 구체적인 행동을 측정하려 하지 마십시오.

* Yves Morieux, *Smart rules: six ways to get people to solve problems without you*, Harvard Business Review 89(9), 2011.

썩은 사과는 조직을 병들게 한다

Why being respectful to your coworkers is good for business

조직 내 썩은 사과는 조직을 병들게 합니다.
조직 내 구성원들을 이탈하게 만들기도 합니다.

'밀레니얼 세대'는 요즘 기업들의 중요한 이슈입니다. 기업들은 밀레니얼 세대를 공부하며 조직이 어떻게 그들을 관리해야 하는가에 집중하고 있습니다. '꼰대'라 부르는 기성세대들이 가지고 있는 가치관, 생활습관은 밀레니얼 세대와 맞지 않고, 이로 인해 세대 간 갈등을 불러일으키고 있습니다. 그래서일까요? 세대 간의 갈등을 다룬 책들이 많이 출간되고 있습니다.

어쩌면 이런 갈등은 가치관보다 '사람에 대한 존중'에서 비롯

된 것일 수 있습니다. 조직보다 자신을 중시하는 문화가 확산될수록 이제는 '사람 그 자체'에 집중하는 것이 필요합니다.

무례함이 일상이 된 사회, 썩은 사과

크리스틴 포래스Christine Porath는 '무례함'이 어떤 영향을 미치는지 연구하는 사람입니다. 무례함이란 결례를 범하거나 버릇이 없는 행동입니다. 그리고 조직 내에는 무례한 사람들이 생각보다 많이 있습니다. 그래서 어떤 사람들은 우스갯소리로 '또라이 질량보존의 법칙'이라며, 모든 조직에는 꼭 또라이가 존재한다고 말합니다. 조직에는 다양한 사람들이 있다 보니 자신과 맞지 않는 사람들도 있을 수 있습니다.

크리스틴 포래스는 테드 강연에서 아버지의 사례를 말합니다. 그녀의 아버지 또한 동료 직원의 무례한 언행으로 업무 스트레스가 증가하며 병원 신세를 졌기 때문입니다. 그리고 크리스틴 포래스 자신 또한 첫 직장에서 동료들로부터 "너 바보야? 그렇게 하는 거 아니야" "내가 물어보기 전에는 말하지 마" 등의 무례한 말을 들었다고 합니다. 국가를 떠나 이런 무례함은 어느 곳에나 있는 것 같습니다.

회사에 다니다 보면 앞선 사례처럼 꼭 무례하게 이야기하는 사람들이 있습니다. 굳이 그렇게까지 말할 필요가 없는데 직접적으로 사람을 모욕하는 경우가 있습니다. 이런 사람들을 우리는 '썩은 사과'라고 부르기도 합니다.* 사과는 한번 썩기 시작하면 급속히 썩게 됩니다. 마치 바이러스가 급속히 확산되는 것처럼 말이죠.

조직 내 썩은 사과는 조직을 병들게 할 뿐만 아니라 조직 내 구성원들을 이탈하게 만들기도 하죠. 썩은 사과는 같은 조직원들을 다른 사람 앞에서 창피나 모욕을 주며 때론 간접적으로 업무를 방해하기도 합니다.

크리스틴 포래스는 이런 무례함을 겪으면서 무례함에 대해 공부하기 위해 대학원에 갔습니다. 그리고 경영대 졸업생을 대상으로 설문조사를 했는데 66%는 업무에 대한 노력이 감소했고, 80%는 자신이 당한 일을 생각하며 시간을 보냈고, 12%는 퇴사를 했습니다. 이 설문조사 대상 중의 한 명은 상사에게 "유치원생이 한 것 같은데"라는 말을 들었고 또 다른 상사는 팀원들 앞에서 누군가의 결과물을 찢어버렸다고 합니다.

만약 여러분이 이런 무례한 경험을 실제로 겪었다면 어떻게 했을까요? 우리는 이런 무례한 말과 행동을 그냥 지나치지만 마

---

* 미첼 쿠지·엘리자베스 홀로웨이 지음, 서종기 옮김, 『썩은 사과』, 예문, 2011.

음 한켠에는 큰 상처로 남게 됩니다. 시스코Cisco는 크리스틴 포래스의 연구결과를 보고 무례한 사람의 언행으로 인한 사회적 비용이 대략적으로 계산해봐도 연간 최소 1,200만 달러에 달한다고 추정했습니다.

다른 사람들을 병들게 하는 썩은 사과

업무 몰입 감소, 퇴사에 따른 신규 채용 비용 등을 고려한다면 상당한 비용이 발생할 수 있을 것입니다. 물론 사람들의 심리적인 측면을 측정한다는 것은 쉽지 않을 일입니다. '정말 업무 몰입 감소에 따라 저런 비용이 발생할 수 있을까'라고 생각할 수도 있습니다. 그래서 그녀는 아미르 에레즈Amir Erez와 함께 무례한 언행을 경험한 사람들과 경험하지 못한 사람들을 비교했습니다. 그 결과 실제로 무례한 언행을 경험한 사람들의 업무 능력이 떨어진다는 것을 발견했습니다.

그런데 더 중요한 점은 무례함을 경험한 사람뿐만 아니라 무례한 상황을 본 사람도 부정적 영향을 받았다는 것입니다. 그는 수업에 지각한 사람에게 무례하게 대하는 것을 목격한 상황에 대해 5명의 참가자와 연구했습니다. 실험을 위해 일부러 지각한 실험자에게 이렇게 말했습니다. "지각하다니 책임감이 없군요. 졸업하면 취업이나 할 수 있겠어요?" 그 결과 목격자들의 업무 능률이 상당히 감소했습니다. 무례함은 썩은 사과처럼 전염성이 있었던 것입니다.

이런 무례함은 단지 보는 것만으로도 부정적 영향을 주었습니다. 이를 위해 실험참가자에게 문장을 만들어보라는 실험을 했습니다. 대신 실험참가자의 절반에게는 무례함을 유발하는 15개의 단어를 주었습니다. 예를 들어 '버릇이 없는, 말을 끊는, 아주 불쾌한, 귀찮게 하는' 등의 단어입니다. 반면 나머지 참가자들에게는 무례함과 상관없는 단어를 주었습니다. 그 결과 무례함을 내포한 단어로 문장을 만든 참가자들은 자신 앞에 놓인 컴퓨터 화면의 정보를 놓칠 가능성이 무려 5배나 높았습니다. 이 뿐만이 아닙니다. 지속적으로 실험한 결과, 그들은 의사결정을 하거나 자신의 의사결정을 기록할 때 더 많은 시간이 걸렸고 실수도 더 많았습니다.

만약 이런 무례함을 의사들이 겪었다면 어떻게 되었을까요? 환자가 죽을 수 있는 실수가 발생할 수도 있다고 말합니다. 어느 이스라엘 연구자에 따르면, 무례함에 노출된 의사들은 진단을 포함한 모든 업무 단계에서 능력이 저하되었다고 합니다.

예의 바른 리더가 성과를 창출한다

왜 이런 무례한 행동을 계속하는 걸까요? 크리스틴 포래스는 스트레스와 좋게 보이는 것에 대해 부정적으로 생각하기 때문이라고 합니다. 어쩌면 이것은 우리의 고정관념 때문일 수도 있습니다. 착하면 사람들이 리더처럼 보지 않는다는 편견을 갖고 있는 것이죠. 너무 착해서 사람들이 때론 무시할 수도 있다고 생각할 수 있습니다.

그렇지만 그녀는 장기적으로 봤을 때 착하고 예의 바른 것이 기업에 도움을 줄 수 있다고 합니다. 예의 바른 행동이란 사소한 것에서부터 시작합니다. 인사를 하거나 주의 깊게 누군가의 말을 듣는 것이죠. 이런 사소한 행동들이 자신을 더욱 리더로 보이게 하며, 유능하게 보이도록 할 것입니다.

오슈너 헬스 시스템Ochsner Health System사의 전 CEO인 패트릭 퀸란Patrick Quinlan은 크리스틴 포래스에게 '10-5 방법'의 효과를 말해줬다고 합니다. 상대가 나의 10피트 이내에 있다면 눈을 보며 미소를 짓고, 5피트 이내에 있다면 "안녕하세요"라고 인사하는 겁니다. 이런 행동으로 정중함이 확산되고 환자의 만족도가 높아졌다고 합니다.

분명 부하 직원을 존경하는 리더는 조직 내 긍정 문화를 확산

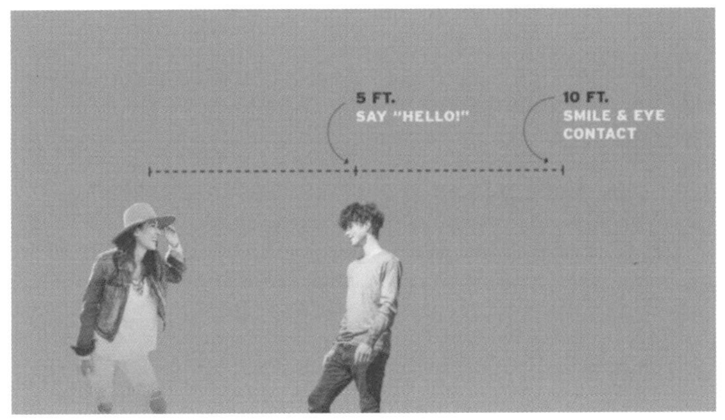

● 10–5 방법
출처 : 크리스틴 포래스 테드 강연

시키고 구성원의 역량을 자연스레 높일 수 있는 환경을 만듭니다. 그렇다면 리더는 어떻게 행동해야 할까요?

먼저 리더가 자신을 성찰하는 것이 필요합니다. 직급이 낮을 때는 많은 사람이 자신을 되돌아봅니다. 스스로 부족한 것이 무엇인가에 대해 생각해보는 거죠. 하지만 직급이 높아지고 경험이 쌓일수록 자신을 되돌아보기보다는 자신의 생각대로 밀고 나가는 경우가 많습니다. 그러다 보면 누군가를 무의식적으로 무시하는 현상이 발생합니다. 이럴 때 리더는 다음과 같은 고민을 해볼 필요가 있습니다.

"나는 직원들을 지금 어떻게 대하고 있을까?"

"내가 지금 하는 행동들이 그들에게 실제로 어떤 영향을 미치고 있을까?"

"지금 내가 하는 말과 행동은 조직에 긍정적 영향을 미치고 있는 것일까?"

"나 스스로 부족한 점은 없는 것일까?"

리더의 매력은 존중으로부터 나오는지 모릅니다. 매력적인 부하를 찾기보다 먼저 자신이 매력적인 리더가 되는 것이 지금의 리더상 아닐까요? 인재육성으로 소문난 한 회사의 이념과 약속 중에 '자신과의 약속'이라는 내용이 있습니다. 이를 보면 결국 기본이 인재육성의 핵심이라는 생각이 듭니다.*

- 약속을 지키고 거짓말하지 마라.
- 험담하지 마라.
- 웃는 얼굴로 힘차게 인사하라.
- 남을 보지 마라, 목표를 봐라.
- 외관을 좇지 마라, 내면을 닦아라.
- 사람의 마음을 이해하는 따뜻한 사람이 되어라.
- 모든 것에 감사할 줄 아는 사람이 되어라.
- 밝고 전향적으로 행동하는 사람이 되어라.

---

* 나가마쓰 시게히사 지음, 김윤수 옮김, 『왜 나는 이 사람을 따르는가』, 다산3.0, 2016.

밑으로부터 혁신, 집단지성을 활용하라

How to manage for collective creativity

창의성이란 결국 사람으로부터 나옵니다.
그래서 사람이 아이디어보다 중요합니다.

창의성과 혁신은 밀접한 관계를 갖고 있습니다. 그러다 보니 사람들은 뛰어난 창의성을 가진 인재가 혁신을 창출할 수 있다고 믿습니다. 집단의 창의성보다는 개인의 창의성에 초점을 맞추는 것입니다.

하지만 혁신을 창출함에 있어 한 명의 창의적 아이디어만으로 가능할까요? 정말 기발하고 독창적인 아이디어라도 이를 구체화시켜줄 수 있는 또 다른 아이디어가 필요합니다.

두루뭉술한 아이디어만으로는 혁신을 이루어내기 어렵기 때문입니다. 그래서 우리는 집단지성을 이야기합니다. 다양한 사람들로부터 아이디어를 수집하고 이를 결합하면 혁신으로 이어질 수 있다고 말합니다. 어떤가요? 개인보다 집단지성이 혁신에 더 영향력이 크다고 생각되지 않나요? 이번 테드 강연은 픽사의 사례를 가지고 집단지성의 중요성을 이야기합니다.

집단지성으로부터 나오는 혁신

혁신에 대해 린다 힐Linda Hill은 어떻게 이야기하고 있을까요? 린다 힐은 혁신을 주도하는 것은 비전을 만들고 실행하기 위해 누군가를 독려하는 것이 아니라고 합니다. 혁신이란 개념을 떠올릴 때 리더와 비전이 떠오르겠지만, 혁신을 만들기 위해 그것이 필요하다는 것은 아니라는 것입니다. 과거에 혁신을 한다고 하면 우리는 한 명의 천재 같은 핵심인재를 이야기했습니다. 하지만 이제는 그 한 명의 천재가 혁신을 만든다는 것이 쉽지 않습니다.

인류학자인 그녀는 10여 명의 혁신 리더들을 10여 년 동안 관찰했다고 합니다. 그런데 그 행동 패턴을 분석해본 결과, 혁신을 과거의 리더십 개념으로 설명할 수 없다는 것입니다. 그럼 지금

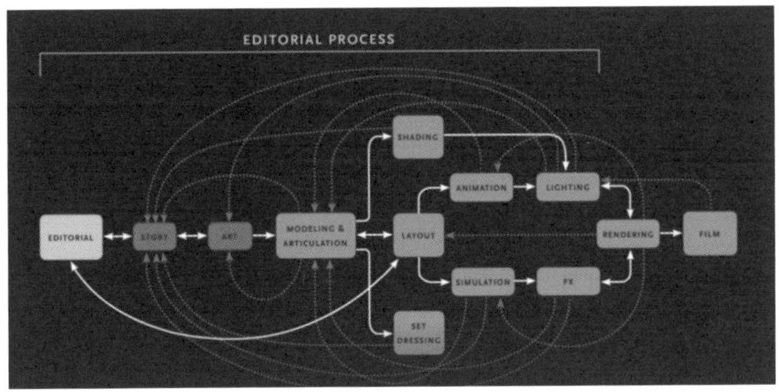

● 픽사의 영화 편집과정
출처 : 린다 힐 테드 강연

우리가 혁신하기 위해 필요한 것은 무엇일까요? 그것은 바로 집단지성입니다.

유명한 영화제작사인 픽사의 영화는 뛰어난 아이디어를 가지고 있는 한 명에 의해 만들어지지 않습니다. 한 편의 영화를 만들기 위해서는 250여 명이 필요하고 4~5년 동안 제작합니다. 그리고 이 과정은 단계별로 진행되는 것이 아니라 수많은 관계로 이루어집니다. 픽사의 스튜디오 직원에게 받은 영화 편집과정을 보면 수많은 화살표들이 앞뒤로 왔다갔다 하고 있습니다.

일반 사람이 생각할 때 영화는 단순히 촬영하고 편집하면 나오는 것으로 알고 있지만 사실 그 과정은 굉장히 복잡하게 형성되어 있습니다. 어떤 장면은 영화에서 10초밖에 나오지 않지만 그 장면을 완성하기까지는 6개월이 걸릴 수도 있다고 합니다.

픽사의 제작과정 중 또 다른 특징은 최종 편집이 끝날 때까지 계속 수정·보완이 이루어진다는 것입니다. 이러한 픽사의 업무처리 과정은 어쩌면 한 편의 기나긴 여정일지 모릅니다.

픽사의 업무처리의 기본 가치는 픽사 애미메이션 스튜디오의 공동설립자이자 사장인 에드 캣멀Edwin Catmull의 생각에서 찾을 수 있습니다.* 창의성이란 결국 사람으로부터 나온다고 에드 캣멀은 말합니다. 수많은 아이디어는 독립적인 것이 아니라 수많은 사람의 생각으로부터 도출된 결과물이기 때문입니다.

그래서 사람이 아이디어보다 중요하다는 것입니다. 영화 또한 마찬가지인 것이죠. 누구 한 사람의 힘으로 만들어지지 않고 수많은 사람의 생각이 결합되어서 〈토이스토리〉 같은 명작들이 픽사에서 나오는 것입니다.

결과가 아닌
과정에 집중하는 혁신

우리는 어떤 일을 할 때, A가 끝났으니 이제 B로 가고, B가 완료된 후에는 마지막으로 C를 끝내자는 식으로 합니다. 하지만 일

---

* 에드 캣멀·에이미 월러스 지음, 윤태경 옮김, 『창의성을 지휘하라』, 와이즈베리, 2014.

이란 하나의 과정입니다. 결과도 중요하지만 그 과정을 통해 새로운 것들이 만들어지기 때문입니다.

그래서 린다 힐은 혁신이란 여행이라고 이야기합니다. 여행에는 다양한 지식과 경험을 가진 사람들이 협력해서 문제를 해결합니다. 그렇기 때문에 수많은 시행착오를 통해 혁신을 달성하는 것이 필요한 것이죠. 혁신만 하면 무언가 대단한 것이 나온다는 생각보다는 혁신이란 여정에 집중하는 것이 더 중요한 것입니다.

우리는 어떻게 혁신적인 집단을 만들어낼 수 있을까요? 린다 힐은 다음의 3가지를 이야기합니다. 그것은 바로 창의적 갈등, 창의적 민첩성, 창의적 해결입니다.

첫째, '창의적 갈등'은 다양한 아이디어를 수렴하는 장을 마련하는 것입니다. 아이디어 회의를 할 때, 서로 비판하지 않고 다양성을 존중하는 것처럼 말이죠. 서로 간의 차이를 이해하고 이 차이를 극대화시켜서 새로운 것을 만들어내는 성장동력으로 활용하는 것입니다. 이런 건설적 논의를 통해 새로운 방안을 찾을 수 있습니다. 논의가 잘 이루어지기 위해 자신의 의견을 주장하는 법과 질문하는 법을 배우기도 합니다. 우리에게는 익숙하지 않은 질문과 논쟁이 혁신의 핵심인 것입니다.

둘째, '창의적 민첩성'은 아이디어를 빠르게 실행하고 개선하는 것입니다. 핵심은 신속한 실행과 평가입니다. 계속해서 계획을 수립하고 정교화하는 것이 아닌 신속하게 실행한 후, 계획을 수정·보완하고 다시 실행해나가는 과정입니다. Plan(계획)-Do(실행)-See(평가) 과정을 빠르게 반복하는 것이라고 볼 수 있습니다.

이는 하나의 실험입니다. 실행을 해서 어떤 결과물을 꼭 얻기보다는 실험을 통해 우리가 배울 수 있는 것이 무엇인지를 파악하는 것입니다. 그렇기 때문에 여기에서 부정적인 결과가 나왔다고 해서 더이상 진행하지 않는 것이 아닙니다. 누군가를 탓하기 위한 과정이 아닌 것이죠.

셋째, '창의적 해결'은 상호 대립되는 아이디어를 결합해 새로운 해결책을 찾는 것입니다. 핵심은 해결책을 찾기 위해 타협을 하지 않는 것입니다. 특정 개인이나 집단이 주도하지도 않죠. 그래서 어느 하나의 해결책을 선정하기보다는 양쪽 모두라는 해결책을 생각해볼 수 있는 것입니다. 픽사는 이런 능력을 통해 지금의 자리에 올라섰습니다.

아래로부터의 혁신과 신뢰성 있는 조직문화

결국 린다 힐이 말하는 혁신은 다양한 사람들의 재능을 이끌어내는 데에 있습니다. 집단지성이 혁신을 이끄는 것이죠.

우리가 리더십을 공부할 때 항상 비전을 제시하라고 하지만,

● 린다 힐의 저서
『집단지성(Collective Genius)』
출처 : www.amazon.com

그런 교과서적인 이야기는 실제 경영에 도움이 안 될 수도 있습니다. 리더 또한 앞으로 1년을 보기 힘든 상황에서 비전을 제시한다는 것이 쉬운 일이 아니기 때문입니다. 물론 비전형 리더가 필요한 경우도 있지만, 결국 혁신이란 혁신할 수 있는 환경을 만들어주는 것이 핵심입니다. 이런 혁신 마인드를 가진 픽사에게 리더십은 '사람들이 있고 싶어 하는 세상을 만드는 것'입니다. 그런 의미에서 린다 힐은 혁신에 대해 이렇게 정의합니다.

"혁신을 주도하는 것은 혁신적인 문제 해결을 위해
사람들이 기꺼이 고된 작업을 할 수 있는
환경을 만들어주는 것입니다."

린다 힐이 만난 인도의 아웃소싱 회사의 회장 말을 빌리면, 이제는 피라미드 꼭대기에서 이루어지는 혁신이 아니라 피라미드를 뒤집어 피라미드 밑에 있는 사람들의 능력을 촉진시키는 것이 필요합니다. 위에서부터 아래로의 혁신이 아닙니다.

리더는 수많은 직원의 재능과 열정이 융합될 수 있는 환경을 조성하는 중간 다리 역할을 해야 합니다. 린다 힐이 말한 것처럼, 사회적 건축가가 앞으로의 리더 역할입니다.

결국 리더는 조직 내 다양한 부서들이 협업할 수 있는 환경을 조성해주는 사람인 것입니다. 하지만 이때 몇 가지 유념해야 할 점이 있습니다.

첫째, 기본적으로 협업할 수 있는 조직문화를 조성해놓아야 합니다.* 적대적 조직문화에서의 협업은 오히려 독이 될 수 있기 때문입니다.

둘째, 과도한 협업으로 인해 불필요한 회의가 발생하지 않도록 해야 합니다, 회사에서 아이디어 도출을 위해 회의를 하는 경우가 있습니다. 하지만 아이디어 회의가 계속될수록 좋은 아이디어는 나오지 않고 관성적으로 회의에 임하게 됩니다. 혹은 TFT(태스크포스팀)를 만들면 혁신이 된다고 생각하는 경우가 많습니다. 하지만 TFT 자체가 중요한 것이 아니라 업무에 임하는

* 모튼 한센 지음, 이장원 옮김, 『COLLABORATION 협업』, 교보문고, 2011.

사람들의 태도가 더 중요합니다.

결국 아래로부터의 혁신을 추진하기 위해서는 신뢰 있는 조직 문화의 구축, 효율적인 협업관계 형성 등이 선행될 필요가 있습니다. 혁신은 리더십에 의해 움직이지 않습니다. 의지를 가진 구성원들의 노력이 모여야 혁신이 이루어질 수 있습니다. 픽사는 아래로부터의 혁신을 지속적으로 추진해왔고, 지속적인 혁신의 중심에는 사람이 있습니다.

임원보다 차세대 리더의 리더십 육성이 중요하다

How to break bad management habits before they reach the next generation of leaders

차세대 리더의 리더십을 개발하는 데 있어
멀티플라이어 효과를 창출해야 합니다.

"기업이 리더십 개발 전문가를 고용해
임원의 리더십을 개발하는 동안,
언젠가 리더가 될 중간관리자에게
구시대적 리더십 습관이 우리 눈앞에서 형성되고 있습니다."

여러분은 위와 같은 이야기를 들으면 어떤 생각이 드나요? 고개가 끄덕거려지지 않나요? BCG의 리더십 개발 전문가인 엘리자베스 라일Elizabeth Lyle은 테드 강연에서 임원의 리더십 개발보다 차세대가 될 중간관리자의 리더십 육성이 더 중요하다고 이야기합니다.

중간관리자는 조직 내 가장 중요한 위치에 있음에도 불구하고 리더십 역량 개발에 있어서는 많이 소외되었습니다. 그녀는 대기업의 임원과 일하면서 그들의 리더십보다 차세대 리더의 리더십에 더 관심이 갔다고 합니다.

차세대 리더인 중간관리자의 리더십이 중요한 이유

왜 그랬을까요? 그녀는 기업들은 임원의 리더십을 개발한다고 하지만, 정작 차세대 리더들은 구시대적인 리더십을 배우고 있다고 말합니다. 엘리자베스 라일은 중간관리자라는 말을 싫어합니다. 결국 중간관리자들 또한 리더가 될 사람들이기 때문이죠.

지금의 리더십 교육에 있어 핵심은 차세대 리더의 올바른 리더십 형성을 통해 그들이 임원이 되었을 때, 제대로 된 리더십을 발휘하는 것이라고 그녀는 봅니다.

현재 리더의 자리에 있는 경영진도 리더십을 제대로 발휘하지 못하고 있는데, 그들과 함께 일을 하며 리더십을 배운다면 제대로 된 리더십이 형성될까요? 누군가의 롤모델이 되기에는 아직 이른 경영진들로부터 말이죠. 그렇기 때문에 차세대 리더 때부터 올바른 리더십의 기틀이 마련될 수 있도록 도와줘야 한다고 그녀는 말합니다. 그래서 서로가 성장할 수 있도록 하는 것이죠.

요즘 흔히 이야기하는 꼰대 스타일의 리더십을 가진 리더가 있다고 생각해보죠. 자신을 최고로 생각하고 자신의 생각이 맞다고 하는 리더가 있다면 어떨까요? 여러분 주변에는 그런 리더가 있나요? 조직이 점점 수평화되고 조직문화 또한 개방적으로 변하는 시대에서 그런 리더가 조직 내에서 긍정적 역할을 할 수 있을까요? 특히 그런 리더가 뛰어난 역량과 높은 성과를 올렸다면요? 사람의 감정보다 일의 논리에만 집중한다면요? 그런 리더가 다른 사람의 의견을 잘 수용할까요? 이는 단지 리더만의 문제가 아닙니다.

과거의 리더십을 답습하는 차세대 리더

꼰대 스타일의 리더 밑에 있는 차세대 리더는 어떨까요? 그런 차세대 리더가 변하는 환경에 맞춰 적합한 리더십을 개발할 수 있을까요? 엘리자베스 라일은 리더십 개발시 이 점에 집중해야 한다고 말합니다.

경영진이 아니라 그 경영진 밑에서 일하는 차세대 리더들이, 어떤 리더십이 조직 내외부 환경에 적합한 리더십인지를 알아야 한다는 것이죠. 아마도 과거의 리더십을 보여준 리더 밑에 있는 차세대 리더는 제대로 된 리더십을 배우지 못했을 것입니다.

만약 불필요한 회의가 많다고 생각한 차세대 리더가 그런 점을 이야기했다면 리더는 그 의견을 받아들일까요? 현재 전략회의가 하루에 너무 많아 줄이자고 하면, 리더는 이를 수용할까요? 아마 그렇지 않을 것입니다. 차세대 리더 또한 잘못된 리더십으로 CEO가 되었을 때, 똑같은 행동을 하고 있을 것입니다. 본인은 그렇게 하지 않겠다고 다짐했을지 모르지만요. 대부분의 사람처럼 과거의 행태를 반복하게 되는 것이죠.

그녀는 구시대적 리더십하의 미래 리더가 어떻게 구시대적 리더가 되는지를 설명합니다. 직장에서 자주 볼 수 있는 상황이라고 생각하지 않나요? 뛰어난 잠재력을 보유하고 있는 차세대 리더가 리더로서의 자질을 초기에 잘 갖추었다면, 분명 조직에 변화의 바람을 불러일으키고 혁신을 이루었을지 모릅니다.

하지만 사람들은 흔히 현상유지에만 중점을 두게 됩니다. 그래서 현재의 시스템 내에서만 충실할 뿐이고 그 이상은 바라지 않습니다. 그 이상을 바라면 자신의 상사와 불편한 관계를 가지게 될 게 뻔하기 때문이죠.

권한을 위임해주는 비행연습이 필요하다

그래서 리더십 개발 전문가인 엘리자베스 라일은 차세대 리더의 리더십 개발에 있어 가장 중요한 것은 리더와 같이 일하고 있는 현장 그 자체라고 이야기합니다. 여기서 차세대 리더는 지금 당장 올바른 롤모델이 부재한 상황에서 스스로 변화를 이끄는 것이 필요합니다. 구체적으로 어떻게 해야 할까요?

그녀는 일단 비행연습이 필요하다고 합니다. 그녀가 13번째 생일 때, 해군 전투기 조종사였던 할아버지가 비행기의 조종기를 넘겨주고 자신에게 조종을 하게 했다고 합니다. 이는 어린 그녀에게 매우 무섭고 어려운 일이었죠. 하지만 그녀는 이를 계기로 조종법을 직접 배울 수 있었다고 합니다. 이처럼 차세대 리더도 스스로 회의를 열고 결정을 내리면서 자신만의 문제해결 방법을 찾아야 합니다.

이것이 그녀가 말하는 비행연습입니다. 리더에게 불필요한 사전 회의를 없애고 본회의를 열 수 있도록 제안하는 것이 필요한 거죠. 당연히 리더는 차세대 리더의 제안을 받아들이고 스스로가 리더십을 발휘해볼 수 있는 기회를 주어야 합니다. 리더 스스로도 차세대 리더가 '할 수 있을까?'라는 의구심을 떨쳐버려야겠죠. 결국 리더와 차세대 리더 모두 자신의 한계를 뛰어넘는 비행연습을 할 수 있어야 합니다.

그녀는 이런 과정을 통해 개별적인 피드백이 아닌 두 사람간의 상호작용에 대한 주기적인 피드백과 관찰을 해줄 수 있는 리더십 개발 전문가가 필요하다고 말합니다. 한 사람에게 고착된 습관이 쉽게 깨지기는 쉽지 않기 때문이죠. 만약 이런 과정이 없다면 차세대 리더는 결국 과거의 리더십을 그대로 답습할 수밖에 없을 것입니다.

임원은 멀티플라이어가 되어야 한다

이런 관점에서 볼 때 지금 우리에게 필요한 것은 멀티플라이어Multiplier입니다. 리즈 와이즈먼Liz Wiseman, 그렉 맥커운Greg Mckeown이 말한 멀티플라이어는 '각 개인이 가진 특별한 재능을 끌어내고 천재가 가득한 분위기를 만들어 혁신, 생산적인 노력, 집단지성이 가능'하게 만드는 리더입니다.* 이를 통해 우리는 차세대 리더의 리더십을 개발하는 데 있어 멀티플라이어 효과를 창출해야 합니다.

* 리즈 와이즈먼·그렉 맥커운 지음, 최정인 옮김, 『멀티플라이어』, 한국경제신문, 2012.

임원들은 차세대 리더들이 마음껏 자신의 리더십을 발휘할 수 있는 환경을 조성해주고, 일을 하는 데 있어 주인의식과 책임감을 심어줘야 합니다. 자신의 생각과 가치관으로 중간관리자의 리더십을 억누르지 말고, 자신의 지식을 자랑하기 위한 지시를 줄여야 합니다.

조직 내 중간관리자는 조직구성원과 임원을 연결해주는 가교 역할을 해야 합니다. 이런 중간관리자가 제대로 육성되지 않는다면 어떤 일이 벌어질까요? 조직이 분화되며 독립적으로 업무를 수행하는 형태가 증가하고 있는 지금, 이제 임원은 멀티플라이어가 되어야 합니다.

린 스타트업, 애자일 리더십 등 빠르게 변화는 환경에 대응하기 위한 다양한 전략이 나오는 지금, 중간관리자의 역할 강화를 통해 중간관리자가 자신의 미래의 리더십을 어떻게 만들어가야 하는지를 스스로 깨닫게 해주는 시간이 필요합니다. 중간관리자의 역량을 끌어낼 수 있느냐가 기업의 지속성장에 있어 핵심이 될 것입니다.

마이크로 매니저가 되지 않는 확실한 방법

Confessions of a recovering micromanager

사람 간의 관계의 핵심은 신뢰입니다.
신뢰가 없으면 불필요한 비용이 듭니다.

박스드(boxed.com)라는 커머스몰을 운영하고 있는 체 후앙Chieh Huang은 테드 강연에서 마이크로 매니징에 대해 이야기합니다. 마이크로 매니징이란 말만 들어도 왠지 숨이 막히지 않으세요? 조직 내에서는 마이크로 매니지먼트를 선호하는 리더들이 많습니다. 조그만 실수도 용납하지 않으려고 하기 때문이죠.

그런데 이런 마이크로 매니지먼트로 직원들은 어떻게 될까요? 체 후앙은 마이크로 매니징에 대해 훌륭한 직원을 데려와 영혼을 뭉개는 행동이라고 말하고 있습니다. 어떤가요? 체 후앙의 지적에 공감이 가나요?

집단을 바보로 만드는 가장 좋은 방법, 마이크로 매니징

방향성이 없는 것도 문제이지만 마이크로 매니징을 하는 것은 더 큰 문제를 일으킵니다. 마이크로 매니징을 일삼는 매니저는 A급 직원을 채용해서 C급으로 만들어버리기 때문입니다. A급 직원의 자존감을 떨어뜨려 업무에 대한 의욕을 저하시키고, 결국은 퇴사를 하거나 번아웃을 하게 만듭니다.

어쩌면 더 큰 문제는 조직 내 모든 구성원을 바보로 만들어버리는 것입니다. 마치 기계처럼 말이죠. 상사의 꼭두각시처럼 왔다갔다하게 되는 것입니다. 자신이 어떤 생각을 갖고 업무를 추진하든, 결국 마이크로 매니징이라는 그물에 걸려 할 수 있는 것이 없기 때문이죠. 그래서 체 후앙은 말합니다.

"마이크로 매니지먼트는
훌륭하고 상상력이 뛰어난 사람들을 채용해
그들의 영혼을 뭉개는 것이다."

가장 대표적인 것은 조직 내의 빨간펜 선생님들입니다. 그런 리더 밑에서 일한다는 것은 결코 쉽지 않습니다. 글자체, 단어 및 문장, 자간 등 자신의 스타일에 맞게 직원의 스타일을 재단하는 사람이 많죠.

그는 리더의 이런 행동이 직원을 힘들게 한다고 말합니다. 테드 강연의 제목처럼 자신도 한때 마이크로 매니저였기 때문에 이를 너무나도 잘 알고 있다고 말하고 있는 것이죠. 이 책을 읽고 있는 독자들도 직장에서 가장 힘든 때는 일이 너무 많을 때가 아닐 것입니다.

그는 직장인이 직장에서 가장 힘든 때는 누군가의 시선이 목 뒤에서 느껴질 때이고, 그 사람과의 관계 때문일 것이라고 말합니다. 아무런 이유 없이 상사가 내 뒤에서 가만히 서 있는 것보다 힘든 것은 없을 것입니다. 그렇지 않나요? 사실 직원들이 퇴사하는 이유가 업무보다 사람 간의 관계, 특히 상사 때문이라는 것은 많이 알려져 있습니다.

실제로 영국의 한 병원에서는 직원 100명에게 활동 추적기를 달게 한 후 12시간 동안 혼자 근무를 하게 했습니다. 근무가 끝난 후, '당신은 지금 피로를 느끼시나요?'라는 질문을 직원들에게 던졌습니다.

어떤 사람이 가장 많은 피로를 느꼈을까요? 가장 많은 활동을 한 사람? 그렇지 않습니다. 가장 피로를 많이 느낀 사람은 자신의 일에 대한 통제력을 가지고 있지 않은 사람이었습니다. 이 말은 자신의 일을 스스로 이끌어가는 사람이 그렇지 않은 사람보다 더 조직 내에서 더 활발한 활동을 할 수 있다는 것을 보여주는 것이기도 합니다.

왜 우리는 마이크로 매니저가 되는 것일까요?

모든 관리자는 뛰어난 인재를 채용하길 원합니다. 그렇지 않을까요? 누가 둔한 직원을 원하겠습니까? 그럼에도 우리는 뛰어난 인재를 채용해서 마이크로 매니징을 합니다. 둔한 직원을 데려다 놓고 가르치는 것처럼요.

체 후앙이 수백 명의 관리자에게 둔하고 상상력이 없는 사람을 채용하기를 원하냐고 물었을 때, 94%가 아니라고 응답했다고 합니다. 그렇습니다. 누구나 상상력이 풍부해서 조직의 혁신을 가져올 수 있는 뛰어난 인재를 원합니다. 그런데 조직 내 리더들은 왜 그럴까요? 왜 자신이 뽑은 우수한 인재를 마이크로 매니지먼트하려는 걸까요? 그리고 왜 우리는 마이크로 매니저가 되는 것일까요?

직장에서 직급이 낮은 사람들은 일을 받아서 합니다. 그리고 일을 좀 잘하면 더 많은 일이 들어오고, 그 일을 다 처리하면 성과를 인정받아 승진합니다. 그리고 더 많은 일을 받고 또 승진을 하면서 이제는 사람들을 관리하기 시작합니다. 그리고 관리를 더 잘하면 관리하는 사람을 관리하기 시작하죠. 체 후앙은 이때부터 사람들이 마이크로 매니저가 된다고 합니다. 자신이 성과를 통제하는 못하는 때이죠.

그는 회사를 차리고 나서 이런 경험을 했다고 합니다. 차고에서 회사를 시작했고, 회사가 잘 되자 회사에서 상품을 나르고 포장하는 역할에서 벗어나 사람들을 관리하게 된거죠. 많은 스타트업이 그랬던 것처럼 회사가 급성장하자 자신의 역할이 바뀐 것이죠. 그리고 자신은 계속해서 관리자의 관리자 역할을 수행하게 되었다고 합니다. 그런데 이때부터 마이크로 매니지먼트가 시작된 거죠.

고객들에게 메모를 써야 하는데 CEO인 자신이 쓰지 못하니 직원들에게 시킨 것입니다. 어떤 펜과 색깔로 메모를 써야 하고 여백은 어느 정도 줘야 하는지 등등의 지시를 하게 된 겁니다. 그 결과 직원들은 인사팀에 "사장님 때문에 머리가 다 빠질 것 같아요. 저도 메모 정도는 할 줄 알거든요"라는 불평을 쏟아내기 시작했습니다.

판만 깔아주는 리더,
성과를 창출하다

여러분도 직장에서 한 번 정도는 해봤을 불평이죠. 그래서 그는 직원들에게 맡겼습니다. 그 결과는 어땠을까요? 매우 놀라웠습니다. 직원들은 메모에 화려한 그림을 넣기도 하고, 기저귀를 주문하는 고객에게는 '아기에게 안부 전해주세요!'라는 메모를 하기도 했습니다. 더 큰 사이즈를 주문하면, '아기가 엄청 빨리 크네요'라고 적기도 했죠. 물론 형식적으로 그냥 '감사'라는 말을 쓰는 직원들도 있었습니다.

물론 그 과정에서 체 후앙은 실패를 경험하기도 했습니다. 당연히 바로 성공만 할 수는 없을 것입니다. 그래서 많은 갈등을 겪었다고 합니다. '그냥 이대로 놔둬도 될까?'라고 고민할 즈음, 여러분이라면 어떻게 할 건가요? 그는 장기적으로 실패라는 경험이 도움이 된다고 생각했습니다. 실패가 성공을 위한 이정표가 될 것이라고 생각했습니다. 이러한 경험은 사업을 하는 데 많은 도움이 되었다고 합니다. 그 결과 수백만 달러가 들어가는 컨베이어 벨트를 대체할 수 있는 자율주행카트를 만들기도 했습니다.

이런 경험들을 통해 그는 깨달았다고 합니다. 자신이 아무것도 하지 않아도 회사가 제대로 운영될 수 있다는 것을요. 그는 완벽한 CEO는 아니지만 이 마이크로 매니지먼트를 해결할 수 있

● 체 후앙의 직원이 만든 자율주행카트
출처 : 체 후앙 테드 영상

는 방법을 마침내 알게 되었습니다. 여러분들은 이미 알고 있을 것입니다. 그것은 바로 믿음입니다.

신뢰가 주는 효과는 자율과 성과

사람 간의 관계의 핵심은 신뢰입니다. 신뢰가 없으면 어떻게 될까요? 불필요한 비용이 들어가기 시작합니다. '이 사람이 갑자기 뒤통수를 치는 것은 아닐까? 이 사람에 대해 조사가 필요하지 않을까? 정말 내가 믿고 거래할 수 있는 곳일까?' 신뢰가 없는 관계에서는 앞으로 일어날 수 있는 모든 것에 대한 생각이 떠돌기 시작합니다.

스티븐 코비Stephen Covey는 책 『신뢰의 속도Speed of Trust』에서 불신으로 인한 일의 속도와 비용에 어떻게 영향을 미치는지 9·11테러 사례를 통해 보여줍니다.* 보안검색 통과를 위해서는 미국 내 여행의 경우에도 30분에서 1시간 30분 전에, 해외여행은 2시간 전에 공항에 도착해야 합니다. 티켓 비용은 또 어떤가요? 보안세라는 항목이 신설되어 추가 비용을 지불해야 합니다. 이런 일은 결국 불신이 어떻게 일의 성과창출에 있어 얼마나 큰 장벽인지를 알려줍니다.

신뢰가 있다면 어떨까요? 바로 관계를 맺고 거래를 시작해도 되죠. 그러면 불필요한 시간과 비용을 제거할 수 있습니다. 마이크로 매니지먼트도 결국 불신으로부터 시작됩니다. 자신에 대한 과한 자신감과 부하 직원에 대한 불신은 마이크로 매니징을 가속화시킵니다. 하지만 성과를 창출하는 데는 한계가 있습니다. 여러분은 어떤가요? 조직 내 신뢰가 있습니까? 신뢰가 있어야 업무의 자율성이 높아지고 성과로 이어집니다.

* 스티븐 코비 지음, 김경섭·정병창 옮김, 『신뢰의 속도』, 김영사, 2009.

테드에서 떠올린 생각

리더는 어떤 의사결정을 해야 할까?

리더는 항상 의사결정 속에 있습니다. 리더의 한마디에 새로운 사업이 탄생하기도 하고, 안타깝게 빛을 보지 못하는 사업들도 존재합니다. 이런 사업뿐만 아니라 인재육성, 조직관리 등 다양한 측면에서 리더는 의사결정을 진행합니다. 하지만 리더의 의사결정은 답이 존재하는 것이 아닙니다. 의사결정을 잘하는 것도 리더의 역량이지만, 의사결정을 위한 다양한 의견이 수렴될 수 있도록 스스로 썩은 사과나 마이크로 매니저가 되지 않는 것도 중요합니다. 다음 질문은 리더의 의사결정에 대한 사항입니다. 여러분은 어떻게 생각하나요?

1. [변화] 외부와 내부의 변화 중 무엇이 중요할까요?

2. [권한] 직접 통제와 권한 위임, 어떤 것을 언제 어떻게 하는 것이 좋을까요?

3. [혁신] 위로부터의 혁신과 밑으로부터의 혁신 중 무엇이 효과적일까요?

4. [육성] 역량과 가치, 차세대 리더십 육성에 있어 무엇이 중요할까요?

왜 사업을 하고 있는지 모른다면 경영이 어려워집니다.
개인도 동기부여가 필요하지만 경영도 동기부여가
필요합니다. 단기보다 장기, 사업보다 사람, 분석보다
실행에 집중할 때 지속가능한 경영이 탄생하지 않을까요?
테드를 통해 경영의 비밀을 알아보겠습니다.

03

테드와 경영

변화와 혁신을 만들어라

'왜' 우리는 '왜'에 집중해야 하는가?

How great leaders inspire action

훌륭한 메시지는 '왜'가 먼저입니다.
즉 구조가 'Why→ How→ Wha't입니다

많은 사람이 수많은 스마트폰 중에서도 왜 유독 애플의 스마트폰에 열광하는 것일까요? 아이폰이 출시되는 날이면, 왜 유독 애플 매장에만 그렇게 사람들이 줄을 서서 기다리는 것일까요? 사이먼 사이넥Simon Sinek은 영감을 불어넣는 애플의 커뮤니케이션 방식 때문이라고 테드 강연에서 말합니다.

만약 애플이 이렇게 말했다면 어땠을까요?

"우리는 훌륭한 컴퓨터를 만듭니다. 그 컴퓨터의 디자인은 아름답고 사용이 간단하고 사용자 친화적입니다."

이 광고 메시지를 들었을 때 어떤 느낌이 드나요? 애플 컴퓨터를 사고 싶은 욕구가 생기나요? 아마 그렇지 않을 것입니다. 이런 광고 메시지는 흔히 볼 수 있고, 특별하지 않아서 소유하고 싶은 욕구를 일으키지 않습니다. 그렇다면 이런 광고 메시지는 어떨까요?

"우리가 하는 모든 일은 기존 현상에 도전하는 것입니다. 우리는 '다르게 생각한다'라는 가치를 믿습니다. 기존 현상에 도전하는 방식은 제품을 아름답게 디자인하고 사용이 간단하고 사용자 친화적이게 만들었습니다. 우리는 방금 그런 훌륭한 컴퓨터를 만들었습니다."

이 메시지를 들었을 때는 어떤 느낌이 드나요? 앞의 메시지와는 조금 다를 뿐인데 소유 욕구가 생기지 않나요? 단지 한 문장 정도의 차이일 뿐이지만 그 한 문장이 소유할 것인가 말 것인가를 결정합니다.

사이먼 사이넥은 테드 강연에서 '왜(Why)'를 강조합니다. 사람들은 당신이 한 일을 구매하지 않는다고 사이먼 사이넥은 말합니다. 대신 당신이 왜 그것을 하고 있는지를 구매합니다. 즉 사람들은 일의 어떤 결과물(제품)을 중시하는 것이 아니라 그것을 왜 가지고 있는지에 집중합니다. 어쩌면 그것은 제품의 탄생 원인을 궁금해하기 때문일지도 모릅니다.

'왜'를 강조하는 메시지

시장에는 수많은 제품이 있습니다. 사람들은 그 수많은 유사 제품 중에서 제품 하나를 선택합니다. 그런데 그 제품을 선택하는 이유는 그 사람만이 가지고 있는 '왜'입니다. 그 제품이 싸서, 품질이 좋아서일 수도 있습니다. 하지만 '왜'는 이성보다는 감성에 가깝습니다. 끌리는 광고 메시지의 핵심은 이성이 아닌 감성입니다. 그 감성은 '왜'와 연결되어 있습니다.

이런 메시지의 구조를 사이먼 사이넥은 골든서클로 정리했습니다. 훌륭한 메시지는 'Why→How→What'으로 이어지는 구

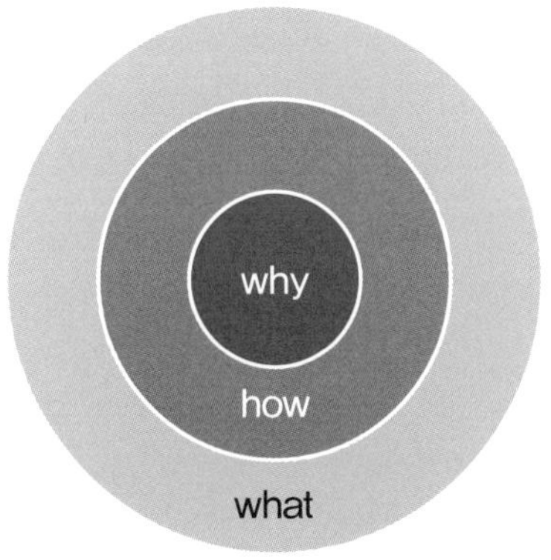

● 사이먼 사이넥의 골든서클
출처 : 사이먼 사이넥 테드 강연

조라는 것입니다. 'What→How→Why'로 이어지는 구조가 아닙니다. 여기서 Why는 명료함을 나타내는 존재의 이유, How는 행동을 위한 원칙, What은 어떤 행동을 해야 하는지의 여부를 나타내는 일관성을 제시합니다.* 즉 기업은 자신의 회사의 존재 이유를 바탕으로 실행해야 하고, 그 실행의 결과물로 제품과 서비스를 출시합니다.

나는 회사에서 '왜' 일을 하는가?

그 감성을 우리가 왜 일하는지와 연결해보면 어떨까요? 당신이 정말 하고 싶은 일은 어떤 이성적인 목적과 관련되어 있나요? 지금 회사를 다니는 것은 돈을 벌기 위해서일 수 있지만 당신이 하고 싶은 일은 그런 목적이 아닐 가능성이 높습니다.

우리는 지금까지 어떻게 돈을 더 많이 벌 수 있을지에만 집중했습니다. 그래서 팀장, 임원, CEO가 되는 것을 목표로 했습니다. 그런데 CEO가 되었을 때 행복할까요? 지금 당장은 행복할 수 있지만 '왜'가 없다면 그 행복은 오래가지 못할 것입니다.

---

* 사이먼 사이넥 지음, 이영민 옮김, 『나는 왜 이 일을 하는가?』, 타임비즈, 2013.

사이먼 사이넥은 새뮤얼 랭글리Samuel Langley와 라이트 형제Orville and Wilbur Wright를 이야기하며 '왜'의 중요성을 말합니다. 랭글리는 우리가 흔히 금수저라고 하는 조건을 다 가지고 있었습니다. 최고의 학벌, 미 육군에서 받은 5만 달러의 풍부한 자금과 인맥 등. 그런데 이 훌륭한 인재를 현재의 우리는 알지 못합니다. 그 또한 인류 최초의 비행을 시도했던 사람입니다. 하지만 우리는 라이트 형제만 알 뿐입니다.

라이트 형제는 랭글리에 비해 보잘 것 없는 사람들이었습니다. 지금 말로는 흙수저에 가까웠죠. 대학교를 다닌 적도 없고, 정부 자금도 없었습니다. 비행기 발명에 대한 믿음만 있었을 뿐입니다. 하지만 모두가 알다시피 1903년 12월 17일, 라이트 형제는 비행에 성공했습니다.

라이트 형제가 비행에 성공한 날, 랭글리는 더이상의 비행 시도를 그만두었습니다. 랭글리는 단지 부와 유명세를 얻기를 원했기 때문입니다. 라이트 형제의 비행 성공을 본 후, 더 발전시키기보다는 포기하는 쪽을 선택한 것이죠.

어떤 일을 하는 데 있어 '왜'라는 물음은 매우 중요합니다. 그것이 일상과 직장생활에서의 삶을 바꿉니다. 미국인들이 마틴 루터 킹Martin Luther King 목사에 열광했던 것은 그가 가지고 있는 신념 때문이었습니다. "나는 믿습니다. 믿습니다. 믿습니다"라는 그의 신념은 무려 25만 명의 사람들을 불러모았습니다. 초대장도 없고 인터넷도 없던 시절에 말이죠.

조직에서 누군가에게 동기부여를 한다는 것은 쉽지 않은 일입니다. 자신도 동기부여를 가지기 쉽지 않은 상황에서 다른 사람에게 동기부여를 한다는 것은 어쩌면 극한의 일일지도 모릅니다. 더 나아가 고객이 자사의 제품을 구매하게 만드는 것은 더 어려운 일이겠죠. 그래서 항상 우리는 새로운 것, 특별한 것을 찾습니다. 제품을 팔기 위해, 자신을 브랜딩하기 위해 USP Unique Selling Point를 찾으려고 합니다. 하지만 그 이전에 우리가 봐야 할 것은 오히려 '왜'일지도 모릅니다. '왜'라는 물음에 먼저 명확히 답을 하지 않고는 '어떻게'와 '무엇'도 없습니다.

영감과 동기부여를 만드는 '왜'

리더는 조직을 관리하는 것이 아니라 사람을 이끌어야 합니다. 그래서 사이먼 사이넥은 행동을 만들어내기 위한 방법으로 '영감 Inspire'이라는 단어를 많이 사용했습니다. 누군가를 변화시키고 싶으면 영감을 불러일으킬 수 있어야 하고, 그 영감의 원천은 '왜'인 것이죠.

여러분은 내가 하는 업무가 회사에 어떤 의미를 가지고 있는지 생각해본 적이 있나요? 혹은 누군가에게 나를 소개할 때 나란 존재가 어떤 사람인지 생각해본 적이 있나요?

철학을 이야기하는 것이 아닙니다. 내가 하는 모든 일에 나는 지금 어떤 의미를 부여하고 있는지 생각해보라는 것이죠. 업무를 잘 관리하고 무슨 일이 발생하지 않게만 한다면 그 사람은 훌륭한 리더일까요? 그런 리더 밑에서 일하는 직원은 자신이 하는 일에 몰입해서 열정적으로 어떤 성과를 창출할 수 있을까요?

만약 자신이 리더라면 부하 직원에게 어떻게 동기부여를 하고 있나요? 거리의 수많은 가게를 한 번 스쳐가는 사람처럼 직원을 대하고 있지는 않나요? '왜 이 일을 하는가'보다는 '이 일을 그냥 해라' 식의 업무지시로 직원을 관리하고 있지는 않나요?

레고의 '왜', 그렇다면 우리는?

모든 기업에는 '왜'를 나타내는 미션이 있습니다. 하지만 우리가 듣는 것은 미션이라기보다는 '무엇'에 가까운 '비전'입니다. 그리고 비전을 달성하기 위한 '어떻게'에 가까운 과제를 항상 수행합니다. 기업에 '왜'가 사라지면 사람과 조직도 사라지기 쉽습니다.

결국 우리가 지금 직원들에게 인지시켜야 할 것은 우리 회사

● 레고의 대표적인 혁신 결과물인 듀플로
출처 : www.smythstoys.com

는 왜 존재하는지, 그래서 우리 회사의 업이 정확히 무엇인지를 알려주는 것입니다. 만약 시발점이 잘못되었다면 과정과 결과는 무의미할 것입니다.

한때 침체를 겪었던 레고는 '왜'에 집중함으로써 위기를 극복했습니다. 그때 레고의 핵심 질문은 무엇이었을까요? 바로 다음의 2가지 질문입니다.*

---

* 데이비드 로버트슨·빌 브린 지음, 김태훈 옮김, 『레고 어떻게 무너진 블록을 다시 쌓았나』, 해냄, 2016.

"레고는 왜 존재하는가?"

"레고가 사라진다면 세상은 무엇을 잃을 것인가?"

그들이 찾고자 했던 것은 레고의 정체성이었습니다. 2004년 폐업위기에 몰렸던 레고는 지난 10년 간의 신사업들을 돌아보면서 레고가 어떤 회사인지를 진지하게 고민하기 시작한 것이죠.

레고는 레고 무비메이커, 레고 에듀케이션, 레고 아동복, 레고 인형, 미디어 등 다양한 신사업을 추진했지만 대부분의 사업이 실패했습니다. 결국 레고는 위와 같은 본질적인 질문에 집중함으로써 다시 블록으로 돌아왔고, 듀플로는 이때 탄생한 레고의 가장 대표적인 혁신 결과물이었습니다.

레고는 지금도 혁신의 길을 걷고 있습니다. 새로운 환경변화에 대응하는 것도 중요하지만, 그것이 본질을 잃어버리는 것이라면 다시 고민해봐야 합니다. 레고는 본질이 사라진 외형 확장에서 벗어나 본질에 집중하는 길로 들어서며 이제 새로운 혁신을 준비하고 있습니다. 사이먼 사이넥이 말하는 골든서클의 '왜'는 우리를 본질로 이끌 것입니다.

회사의 몰락을 피하는 방법

Two reasons companies fail — and how to avoid them

활용은 단기적이고 탐색은 장기적인데,
어느 한쪽에만 치우친다면 위험합니다.

혁신을 공부하다 보면 자주 나오는 주제 중 하나가 활용과 탐색입니다. 크누트 하네스Knut Haanaes는 테드 강연에서 "기업이 망하는 이유는 같은 일만 계속하거나(활용) 새로운 것에만 집착(탐색)하기 때문이다"라고 말합니다. 기업이 가지고 있는 것만 가지고 제품 및 서비스를 개발하다 보면 혁신이 이루어지지 않고, 그렇다고 새로운 것을 위한 지속적인 R&D 투자만 하면 몰락하기 쉽습니다.

많은 CEO는 알고 있습니다. 다람쥐 쳇바퀴 돌듯 기업이 같은 일만 하면 망한다는 것을요. 제품이나 서비스가 좋다고 계속 그 제품만 판매한다면 당연히 기업은 몰락의 길로 들어서겠죠.

하지만 우리가 지나치고 있는 부분도 있습니다. 기업이 계속해서 새로운 것만 추구하다 보면 어떻게 될까요? 새로운 제품이나 서비스 개발에만 몰두해 기존의 것을 경시한다면 어떻게 될까요? 이 또한 기업이 위험에 빠질 수 있는 길입니다. 주로 기술 중심의 회사들이 이런 길을 걸어왔습니다.

이 이슈는 다음과 같은 질문을 하게 만듭니다.

"조직이 지속적으로 성장하기 위해서는 기존 사업과 신규 사업의 비중을 어떻게 가져가야 할까?"

"기업이 시장을 선도하고 있을 때 신규 사업보다 기존 사업에 매몰될 수 있는데, 이런 경우 신규 사업이 제대로 추진될 수 있는 방법은 무엇일까?"

활용과 탐색의 불균형이 초래하는 기업의 몰락

스웨덴 기업인 퍼싯Facit사를 아나요? 퍼싯은 세계 최고의 기계식 계산기 FACIT을 만든 업체로 1900년대 중반까지 큰 성공을

● 스웨덴 기업 퍼싯의 기계식 계산기
출처 : www.flickr.com

거둔 기업이었습니다. 여러분도 알다시피 요즘에 볼 수 있는 계산기는 전자계산기입니다. 퍼싯은 일본 기업들의 전자계산기가 나왔을 때 어떻게 대응했을까요? 몰락한 기업들이 그렇듯이 퍼싯도 크게 대응하지 않았습니다. 그냥 자신들이 하던 대로 계속 일을 했습니다.

그러자 1970년대 초에 퍼싯은 무너지기 시작했고, 결국은 일렉트로룩스Electrolux에 팔리고 다시 에릭슨Ericsson에 팔렸습니다. 더욱 충격적인 사실은 퍼싯사의 엔지니어들이 자신들의 제품을 점검하는 데 일본 회사의 전자계산기를 활용했다는 것입니다. 아이러니한 일이 아닐 수 없습니다. 분명 자신들도 일본 제품이 자신들의 제품보다 낫다는 것을 충분히 알 수 있었을 텐데 말이죠.

퍼싯은 활용과 탐색 중 활용을 너무 많이 했습니다. 자신들이 가지고 있는 제품을 너무 이용하다 보니 새로운 것을 보지 못했고, 보더라도 수용하지 못했습니다. 자신들의 제품이 여전히 세계 최고라며 기존의 성공에 매몰되어 있었을지도 모릅니다.

이는 코닥kodak의 몰락 사례와 너무나도 유사합니다. 코닥 또한 디지털 카메라로의 시장 변화를 알고 있었지만 기존 필름 카메라에만 몰두했었죠. 코닥은 심지어 디지털 카메라 특허를 보유하고 있었고 최초로 개발하기도 했었는데 말이죠. 퍼싯과 코닥의 사례를 보면 기업이 몰락하는 원인은 기존 시장을 바라보는 마인드셋의 문제일 수도 있다는 생각이 들기도 합니다.

퍼싯이 활용에만 몰두한 대표적인 사례라면, 온코서치OncoSearch라는 유럽의 바이오테크 회사는 탐구에만 몰두한 회사입니다. 온코서치는 특정 혈액암을 진단할 수 있고, 심지어 치료도 가능한 애플리케이션을 보유했었습니다. 하지만 온코서치가 너무 완벽을 추구하다 보니 그 애플리케이션은 제대로 활용도 되기 전에 폐기되었습니다.

이 사례들을 보면서 어떤 생각이 드나요? 기업들은 R&D를 통해 혁신적인 제품을 만들려고 노력합니다. 하지만 그 노력이 무언가를 만들어내는 것보다 너무 완벽에만 몰두하다 보면 어떻게 될까요? 아마 시장에 나오기도 전에 유사한 제품이 출시될 가능성이 높습니다. 혹은 이미 시장의 트렌드를 벗어난 제품이 나올 가능성이 높습니다.

지속성장을 위한 활용과 탐색의 균형

활용은 기존 지식을 사용해 제품이나 서비스를 개선하는 것이고, 탐색은 새로운 것을 발명하는 것입니다. 활용은 단기적이고, 탐색은 장기적입니다. 하지만 활용과 탐색 어느 한쪽에만 치우친다면 우리는 앞에서 봤던 기업들처럼 위험한 길로 들어설 수 있습니다. 크누트넛 하네스는 이에 대해 2가지를 같이 끌고 가야 한다고 말합니다.

"탐색과 활용이 균형을 이룰 때
큰 성과를 거둘 수 있습니다."

CEO들은 보통 "어떻게 회사를 효율적으로 운영하면서 혁신할 수 있을까?" "어떻게 회사가 위기에 처하기 전에 변화할 수 있을까"라고 말합니다. 크누트 하네스는 활용과 탐색의 균형이 중요하다고 말하고 있는 것이죠.

활용과 탐색의 균형은 스탠포드 교수였던 제임스 마치James March라는 학자가 강조했던 사항이기도 합니다.* 활용과 탐색은 하나가 높아지면 다른 하나가 낮아지는 상충관계이기 때문에 균형을 맞추는 것이 중요합니다. 하지만 활용과 탐색 사이에서 균형을 잡는다는 것은 쉽지 않은 일입니다. 새로운 것을 개발만 하거나 성공의 함정에 빠지기 때문입니다.

기업의 신사업팀은 끊임없이 시장에서 새로운 것을 찾으러 다닙니다. 그런데 실행보다는 연구개발이나 조사에만 집중합니다. 또는 익숙한 기존의 것을 잘만 활용해도 된다는 생각에 빠집니다. 그들은 이미 너무 많이 알고 있다고 생각하기 때문이죠.

혁신적 기업으로 가기 위한 4가지 방법

어떻게 해야 활용과 탐색 사이의 균형을 잡으며 혁신적인 기업으로 올라설 수 있을까요? 크누트 하네스는 다음과 같은 4가

* James March, *Exploration and Exploitation in Organizational Learning*, Organization Science 2(1), 1991.

지 방법을 이야기합니다.

첫 번째는 위기에 미리 대응하는 것입니다. 항상 다음 전투가 어디서 일어날 것인지를 파악하는 것이죠. 넷플릭스, 애플, 구글, 아마존 등 대부분의 글로벌 혁신기업들은 이미 미래에 대응하고 있습니다. 이들은 다음 전투가 어디서 일어날 것인지를 미리 생각하며 기업을 운영합니다.

두 번째는 장기적 관점에서 생각하는 것입니다. 기업이 1년의 시간 테이블로 운영한다면 그 기업은 장기적으로 결코 생존할 수 없습니다. 장기적으로 혁신의 힘을 믿고 3년, 5년 후 기업 운영에 있어 혁신이 어떤 역할을 할 수 있을지 고민해보는 관점을 가져야 합니다.

세 번째로 인재를 채용하고 도전해야 합니다. 이를 위해서는 팀 활동을 통해 이용과 탐구의 균형을 맞출 수 있도록 해야 합니다. 이는 혼자 할 수 있는 것이 아닙니다.

마지막으로 성공에 회의적이어야 합니다. 항상 승리할 수 있는 것이 아닙니다. 물론 기업이 항상 승리만 할 수 있다면 성공에 회의적일 필요가 없을 것입니다. 하지만 기업 환경은 불확실하고, 완벽한 전략이란 애시당초 없기에 성공에 회의적이어야 하는 것입니다.

기업의 전략도 전략이 필요하다

활용과 탐색에 대한 기업의 전략은 무엇일까요? 기업은 수시로 전략을 수립하지만, 정말 그 전략은 전략적 가치를 가지고 있을까요? 혹은 제대로 된 전략을 가지고 있을까요? 지금 우리에게 필요한 것은 전략에 대한 전략일지 모릅니다. 크누트 하네스는 다음과 같은 2가지 질문을 던집니다.

첫 번째 질문은 '당신의 회사가 성공의 함정에 빠지거나 위험에 처해 있는 분야는 어디입니까? 도전하기 위해 무엇을 할 수 있습니까?'입니다. 이 질문에서 우리가 생각해야 할 것은 앞서 이야기한 도널드 설의 능동적 타성입니다(2장 중 '내부 변화를 위해 외부를 봐야 한다'). 올바른 대처가 올바른 전략을 수립할 수 있기 때문입니다. 기업이 기존에 가지고 있던 전략 프레임, 프로세스, 관계, 가치에 대해 다시 생각해봐야 합니다.* 이를 통해 혁신 전략이 수립될 수 있습니다.

두 번째 질문은 '내가 최근에 새로운 것을 탐색한 때는 언제이고, 나에게 어떤 영향을 미쳤습니까? 나는 그것을 좀더 탐색해야만 하는가?'입니다. 저는 개인적으로 이를 성찰하는 능력이라고

---

* Donald Sull, *Why Good Companies Go Bad*, Harvard Business Review 77(4), 1999.

● 탐색과 활용
출처 : 크누트 하네스 테드 강연

말하고 싶습니다. 기업은 새로운 전략을 수립만 하려고 하지, 기존 전략에 대한 성찰을 하지 않습니다. 기업 스스로 자신에 대해 되돌아보면서 현재 자신의 상황을 객관적으로 보며 전략을 수립하는 것이 필요합니다.

활용과 탐색이라는 두 단어는 어렵지 않습니다. 이 둘의 균형은 기업이 끊임없이 자신을 성찰할 때 가능할 것입니다. 여러분의 기업은 활용과 탐색 중 어디에 위치합니까?

빠르게 실패하기보다 신중하게 실패하세요

Don't fail fast — fail mindfully

'빠름'만 강조해도, 너무 '신중'해도 안 됩니다.
지금 필요한 것은 '빠른 신중함'일지 모릅니다.

창업자에게 '실패'란 단어는 긍정적 단어가 아닙니다. 하지만 지금처럼 창업이 활성화되고 있는 세상에서 실패는 나름의 의미를 가지고 있습니다. 모두가 실패를 두려워하면, 세상은 항상 그대로일 게 뻔하기 때문입니다.

하지만 빠른 실패는 어떨까요? 스타트업에게 있어 빠른 실패는 오히려 긍정적일 수 있습니다.

지금부터 빠른 실패에 대한 이야기를 들어보겠습니다. 레티샤

가스카Leticia Gasca는 17세기 프랑스에서 실패한 사업가들이 대중 앞에서 공개적으로 파산을 선언하고 수감을 피하기 위해 녹색끈 모자를 썼던 데 착안해 자신도 실제로 녹색끈 모자를 썼습니다. 자신이 실패자라는 것을 누구나 공개적으로 알 수 있도록 말이죠.

만약 우리나라에서 사업에 실패했다고 이렇게 공개적인 망신을 준다면 어떻게 될까요? 아무도 사업을 하려 하지 않고, 경제는 성장동력을 잃어버릴 것입니다.

그녀가 테드 강연에서 말하고 싶은 핵심은 실패에 대해 부끄러워하지 말아야 한다는 것입니다. 그녀 또한 사업 실패를 경험해봤기 때문에 그 고통을 잘 알고 있습니다.

자신의 실패를 왜 공유해야 할까?

그녀는 대학 시절에 친구들과 사회적 기업을 설립했습니다. 경영학 교과서에 나온 것처럼 회사를 직접 운영했죠. 투자자도 확보하고, 인력양성도 했죠. 하지만 그녀가 벌인 원주민들의 수공예품 판매는 실패했습니다.

당연히 그녀가 세운 재무계획은 비현실적인 계획이 되었고,

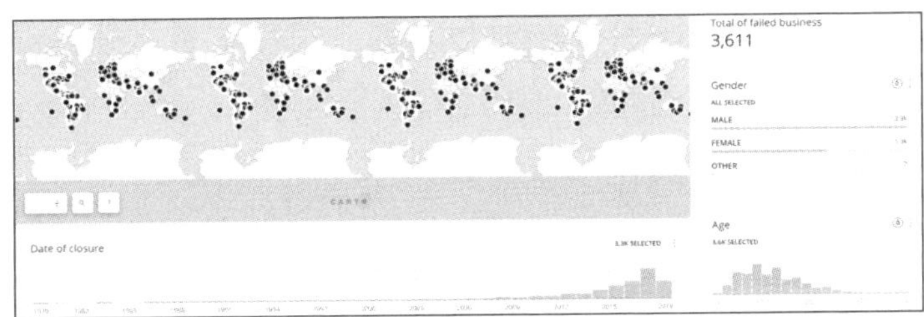

● 글로벌 실패 현황을 보여주는 글로벌 실패 지수
출처 : thefailureinstitute.com

월급도 없이 수년간을 일하게 되었죠. 몇 년을 버텼지만 그들에게 도움의 손길은 없었고, 사업이 기적처럼 회생하는 일은 일어나지 않았습니다.

어쩌면 그녀에게 이런 냉정한 현실은 매우 고통스러운 현실이었을 것입니다. 그래서 자신의 실패를 누군가에게 말도 못했다고 합니다.

하지만 그녀는 이후 친구들과 이야기를 하면서 자신만이 유일한 패자가 아니고, 자신의 친구들도 실패 경험담을 숨기고 있다는 것을 알게 되었습니다. 그리고 자신이 실패한 경험을 공개하고 공유하면서 다른 사람들과 의미 있는 관계를 형성하고, 앞으로 나아갈 수 있는 힘을 얻었습니다.

그래서 그녀는 다른 사람을 돕는 플랫폼을 만들었습니다. 그녀는 'Fuckup Nights'라는 플랫폼을 만들었고, 이후 the Failure Institute라는 사이트(thefailureinstitute.com)를 만들었습니다. 실패에 관한 연구소를 만들어 사람들이 실패를 공유하고, 이를 통해 서로 공감할 수 있는 장을 만든 것입니다. 이 사이트를 통해 그녀는 '글로벌 실패 지수'라는 통계도 제공하고 있습니다. 이 통계는 글로벌 실패 현황에 대해 지역별, 연도별, 인구통계학적으로 보여주고 있다.

또한 그녀는 실패 연구를 통해 사람들의 실패에 대한 대응 형태도 알게 되었죠. 예를 들어 남성은 실패 후에도 다른 분야에서 다시 사업을 시작하지만, 여성은 직장을 구하고 사업을 미룹니다. 지역에 따라서도 대응하는 형태가 다릅니다. 미 대륙에서는 실패 후 다시 학교로 돌아가지만 유럽은 상담사를 찾는다고 합니다.

빠른 실패는 과연 좋은 것일까?

그녀는 실패와 관련된 경험들을 보면서 특히 실리콘밸리의 빠른 실패에 대해 생각해볼 필요가 있다고 말합니다. 실리콘밸리의 사람들은 빨리 실패해보고 새로운 것을 시도해보면서 사업 모델을 수정 및 보완해보라고 합니다.

그녀는 이런 방법에 대해 부정적인 측면도 있다고 합니다. 실리콘밸리의 학생들이 빨리 실패한 것에 대해 자랑하는 것을 볼 때면 위험하다는 생각이 들었기 때문입니다. 그녀는 무엇이 위험하다고 생각했을까요?

사실 지금 스타트업이나 혁신에 대해 이야기할 때, 우리는 빨리 실패해보라고 이야기합니다. 그 이유는 빠른 실패가 불필요한 계획에 드는 시간을 줄일 수 있고, 이를 통해 사업을 가속화할 수도 있기 때문입니다. 또 빠른 실패가 유일한 대안이라고 말할 때, 창업가들이 너무 쉽게 포기하는 것을 조장하고 있을지도 모르기 때문입니다. 그리고 이런 빠른 실패 문화가 실패로 인해 나타나는 파괴적인 결과를 마치 최소화할 수 있다고 생각하게끔 만들 수 있기 때문입니다.

그녀의 수공예품 사업이 실패했을 때, 그녀는 원주민들에게 이제 고향으로 돌아가야 한다고 말할 수밖에 없었습니다. 그녀는 이것이 자신의 잘못 때문이라고 말해야 했습니다. 자신의 실패로 원주민들은 더이상 월급을 받을 수 없었기 때문입니다.

사실 한국에서도 한 번 사업이 실패하면, 회생하는 것이 쉽지 않은 일입니다. 많은 창업교육에서 빠른 실패가 정교한 계획보다 더 낫다고 하지만, 그 실패로 인한 부정적 파급효과는 사실 생각보다 큽니다. 단순히 "이제 사업이 종료되었습니다"라며 끝나는 게 아니기 때문입니다.

빠른 실패보다
신중한 실패를 생각하라

그녀는 실패한 창업가에 대한 것뿐 아니라 빠른 실패에 대한 잘못된 인식도 버려야 한다고 말합니다. 대신 신중하게 실패하라고 이야기합니다. '빠름'보다는 '신중함'이 더 중요한 것이죠.

에릭 리스Eric Ries는 빠름만을 강조하는 사람을 '일단 해보자' 창업 학파라고 불렀고, 너무 신중한 사람들에 대해서는 '분석 마비 희생자'라고 불렀습니다.* 일부 스타트업들은 '일단 해보고 안 되면 그만이지'라는 생각을 가지고 있고, 기업들은 너무 신중한 나머지 철저한 시장조사에만 매몰되어 있기도 합니다. 어쩌면 이는 빠른 신중함이라고 말할 수도 있을 것 같습니다.

핵심은 어떤 식으로 창업을 하다 실패했든지 간에 실패에 따른 결과를 인식하는 것입니다. 그리고 설령 실패하더라도 실패를 통해 배운 점을 다른 사람들과 공유해야 한다는 생각을 갖는 것입니다.

우리는 창업을 하면서 사업이 무너졌을 때 자신과 사업에 대해서는 생각을 하지만 그로 인한 부정적 파급효과는 생각하지 않는 경우가 많습니다. 물론 사업을 시작한 후에는 고객들을 대

* 에릭 리스 지음, 이창수·송우일 옮김, 『린 스타트업』, 인사이트, 2012.

상으로 제품 및 서비스를 빠르게 테스트해보면서 실패와 학습을 경험하는 것이 필요합니다.

이제는 레티샤 가르샤가 말한 것처럼 실패로 인한 결과를 생각해봐야 합니다. 그리고 실패에 대해 결코 부끄러워하지 말고, 이를 통해 다른 사람들과 공유하며 자신의 실패를 통해 다른 사람들이 동일한 경험을 하지 않도록 도와줘야 합니다. 아마도 그녀가 the Failure Institute라는 기관을 만든 것도 그런 이유 때문일 것입니다.

스타트업이 성공하는 가장 큰 이유는 실행력

The single biggest reason why start-ups succeed

타이밍은 실행력의 이슈로 연결됩니다.
아이디어를 제때 맞춰 실행해야 합니다.

다음 2가지 질문에 대해 답해보기 바랍니다.

"여러분의 머릿속에는 얼마나 많은 사업 아이디어가 들어 있습니까?"

"그 아이디어는 독창적이라고 생각하십니까?"

2가지 질문에 어떤 답을 했는지 상관없이 여러분은 머릿속으로 생각한 아이디어를 실행해본 적이 있습니까? 혹시 이런 생각을 해본 적은 없나요?

"아, 저거 나도 생각했었던 건데…."

사업은 어쩌면 아이디어 싸움보다 실행력의 싸움이라고 하는 것이 맞을지 모릅니다. 스타트업 투자 사이트에 들어가보면 여러분이 생각했던 수많은 아이디어를 가진 스타트업들이 지금도 다양한 VC(벤처캐피털)로부터 투자를 받고 있습니다.

제가 자주 찾아보는 더브이씨(The VC)라는 사이트(thevc.kr)는 매일 스타트업 투자 현황을 업데이트해서 보여줍니다. 음악, 부동산, 뷰티, 인공지능, 금융, 식품, 헬스케어 등 다양한 분야의 스타트업들이 얼마나 많은 노력을 하고 있는지를 느낄 수 있습니다.

스타트업 성공의 핵심은 무엇일까?

수많은 스타트업을 만든 경험이 있는 빌 그로스Bill Gross는 자신의 경험을 바탕으로 스타트업 성공에 있어 중요한 것이 무엇인지 이야기합니다. 그가 세운 아이디어랩은 지난 20여 년간 100여 개 이상의 스타트업을 만들었습니다. 버스정류장에서 사탕을 판매하기도 하고, 스피커를 만들기도 했죠. 대학을 졸업한 후에는 소프트웨어 회사를 창업하기도 했습니다.

● 빌 그로스가 20여 년간 만든 100여 개 이상의 스타트업
출처 : 빌 그로스 테드 강연

그는 스타트업이 세상을 발전시킬 수 있는 방법 중의 하나라고 믿고 있습니다. 하지만 아쉽게도 이런 스타트업 중에서는 실패한 경우도 발생하죠. 그래서 그는 연구했습니다.

기업의 성공과 실패를 좌우하는 요인으로 무엇이 있을까요? 여러분도 알다시피 첫 번째는 아이디어입니다. 기업이 성공함에 있어 사업아이템의 중요성은 굳이 강조하지 않아도 중요하다는 것을 알 것입니다. 빌 그로스가 회사 이름을 아이디어랩이라고 한 것만 봐도 알 수 있습니다.

그런데 아이디어만 가지고 기업이 성공할 수 있을까요? 그렇지 않습니다. 아이디어가 좋아도 아쉽게 실패한 사례는 많이 볼 수 있습니다.

그럼 또 뭐가 있을까요? 그것은 바로 팀과 실행력입니다. 스타트업 투자를 검토할 때, 벤처캐피탈은 해당 스타트업의 팀 구성을 중요시합니다. 사업아이템도 좋아야 하지만 해당 아이템을 잘 실행할 수 있는 역량을 보유하고 있어야 하기 때문입니다. 개발자는 있는지, 마케팅은 가능한지, 전체적인 기획을 잘할 수 있는 사람이 있는지 등이 중요합니다. 그래서 전체적인 팀의 균형이 맞는지를 봅니다.

세 번째는 무엇일까요? 바로 비즈니스 모델입니다. 수많은 스타트업이 자신의 사업아이템을 비즈니스 모델로 전환시켜야 하는데, 그렇지 못한 경우가 많습니다. 그래서 빌 그로스는 비즈니스 모델도 중요하다고 강조했죠.

네 번째는 자금 조달입니다. 아무리 좋은 아이템도 자금 조달이 원활하게 되지 않는다면, 사업이 제대로 실행되지 않겠죠? 우리나라도 정부에서 스타트업 육성을 위해 수많은 정책자금을 제공하고 있습니다. 모든 사람이 벤처캐피탈을 통해서 자금 조달을 받을 수는 없기 때문입니다. 그래서 비즈니스 모델이 어느 정도 정착되면, 스타트업 CEO들은 자금 조달을 위해 수많은 피칭을 하는 것입니다.

마지막으로 타이밍입니다. 사실 우리가 간과하는 것 중의 하나가 타이밍이죠. 어쩌면 운칠기삼運七技三에서 말하는 운은 타이밍일 가능성이 높습니다. 너무 트렌드를 앞서가거나 혹은 너무

늦어도 실패 가능성은 높습니다. 경쟁자가 많아서, 고객이 없어서 실패했다고 생각하나요? 이런 것들도 사실은 타이밍 측면에서 해석할 수 있습니다.

스타트업 성공의 가장 핵심적인 요인은 타이밍

빌 그로스는 자신이 연구한 이 결과를 아이디어랩 회사와 그렇지 않은 회사에 적용해봤습니다. 그 결과 타이밍이 가장 중요했습니다. 아이디어랩이 세운 시티서치Citysearch, 카스다이렉트CarsDirect, 고투GoTo, 넷제로NetZero, 티켓닷컴Tickets.com 등은 10억 달러의 성공을 거뒀습니다.

아이디어랩이 아닌 회사 중에서는 에어비앤비Airbnb, 인스타그램Instagram, 우버Uber, 유튜브Youtube, 링크드인LinkedIn 등이 있고, 여러분도 알고 있듯이 큰 성공을 거뒀습니다. 결국 성공과 실패를 결정짓는 가장 중요한 요소는 타이밍이었고, 그 중요도는 무려 42%나 되었습니다. 그 다음으로는 팀과 실행력이 32%, 아이디어의 차별화와 독창성이 28% 순이었죠.

비즈니스 모델은 18%, 자금 조달은 14%로 중요도가 상대적으로 낮았습니다. 비즈니스 모델의 경우에는 사업 이후 고객의 필요에 따라 추가할 수 있고, 자금 조달 또한 사업에 대해 인정받기 시작하면 자금조달이 용이해질 수 있기 때문입니다.

이런 타이밍의 이슈는 사람 간의 관계에서도 중요합니다. 중요한 부탁을 할 때, 우리는 상대방을 생각하며 언제 이야기하는 것이 가장 좋을지를 생각합니다. 『설득의 심리학Influence』이라는 책으로 유명한 심리학자 로버트 치알디니Robert Cialdini는 이렇게 어떤 기회를 포착할 수 있는 시점을 '특권의 순간'이라고 이야기합니다.* 스타트업도 이와 마찬가지입니다. 고객을 설득할 수 있는 찰나의 순간을 포착하고, 그에 맞는 제품과 서비스를 빠르게 출시해야 합니다.

우리가 알고 있는 많은 유명한 스타트업의 비즈니스 모델을 볼 때 어떤 생각을 하나요? 모든 스타트업의 비즈니스 모델이 획기적이라고 생각하나요?

아마도 그렇지 않을 것입니다. 에어비앤비 또한 마찬가지였습니다. 이미 알려져 있듯이 초기에 투자자들은 에어비앤비의 성공을 확신하지 않았습니다. 자신의 집을 빌려준다는 것은 쉽지 않기 때문이죠. 하지만 타이밍이 좋았습니다. 우버 또한 마찬가지입니다. 운전자들은 추가 수입을 필요로 했고, 그런 시점에 우버가 만들어졌죠.

* 로버트 치알디니 지음, 김경일 옮김, 『초전 설득』, 21세기북스, 2018.

반면 빌 그로스가 만든 온라인 엔터테인먼트 회사인 지닷컴은 자금도 풍부했고, 비즈니스 모델도 좋았습니다. 그리고 유명 배우가 계약도 했죠. 하지만 1990~2000년대에는 인터넷의 보급률이 낮았습니다. 그래서 비디오 콘텐츠를 소비하기가 어려웠고, 결국 2003년 지닷컴은 문을 닫았습니다. 그래서 빌 그로스는 이렇게 말합니다.

"타이밍을 측정하기 위한 가장 좋은 방법은
당신이 제공하려는 것에 대해 고객들이
정말로 준비가 되어 있는지를 검토하는 것입니다."

빌 그로스의 말처럼 스타트업에서는 타이밍이 가장 중요합니다. 자신의 사업아이템을 소비할 수 있는 충분한 고객들이 있는지 봐야 하는 것이죠. 실행력과 아이디어도 좋지만 자신이 확신하는 아이템이 현실적으로 가능한지를 검토해야 합니다. 이런 타이밍은 결국 실행력의 이슈로 연결됩니다. 내가 가진 아이디어를 시의적절하게 실행해야 유니콘이 될 수 있기 때문입니다.

사람 중심의 디자인 사고를 하라

Designers – think big!

디자인 사고의 핵심은 인간중심입니다.
그래서 문화와 맥락 이해가 필요합니다.

기업에서 새로운 제품과 서비스를 개발한다고 하면, 가장 먼저 무엇을 할까요? 아마도 시장조사일 것입니다. 특히 시장규모, 동향 등을 파악하는 것이죠.

하지만 이런 데이터 기반의 시장조사에는 한계가 있습니다. 사람들은 자신이 가지고 있는 생각을 잘 드러내지 않기 때문입니다. 설문조사나 포커스 그룹 인터뷰 또한 마찬가지입니다. 사람에 대해 더 잘 알기 위해 이런 툴을 활용하지만 사람들이 가지고 있는 표면적인 니즈만 파악할 수 있을 뿐입니다.

어떻게 해야 우리는 사람들이 가지고 있는 잠재적 니즈를 찾을 수 있을까요? 지금부터 디자이너들의 일하는 법을 통해 그 방법을 알아보도록 하겠습니다.

디자인 사고로 혁신을 말하다

글로벌 디자인 회사의 CEO인 팀 브라운Tim Brown은 테드 강연에서 디자인 사고Design thinking를 강조합니다. 그는 자신이 디자인한 나무공작기계, 팩스기 등을 보면서 깨달은 것이 하나 있다고 합니다. 디자인에서 제품을 매력적이고, 사용하기 쉽고, 시장성 있도록 만드는 것은 중요한 일이 아니라는 것입니다. 디자인에 중점을 두면 제품 자체에는 영향을 주지만 산업 전체에 미치는 영향은 미미하기 때문입니다.

사실 일반 사람들은 디자인이라고 하면 단지 제품의 외관을 가지고 이야기합니다. 보기에 괜찮은지, 그래서 갖고 싶은지 등을 말이죠. 하지만 이런 식의 디자인에 대한 접근은 시야를 제한할 수밖에 없습니다.

그래서 그는 디자인 사고를 가지고 디자인의 영향력을 확대해

● 터너의 그림 〈비, 증기, 속도〉
출처 : www.galleryintell.com

● SS 그레이트 웨스턴호
출처 : en.wikipedia.org

야 한다고 말하죠. 디자인이라는 것이 과거부터 항상 지엽적인 것은 아니었기 때문입니다.

19세기에 수많은 것을 디자인한 영국의 유명한 토목·조선 기술자인 이점바드 브루넬Isambard Brunel은 디자인의 영향력을 확대한 사람 중 한 명입니다. 그는 영국의 대서부철도the Great Western Railway 증설에 참여했습니다.

조지프 말로드 윌리엄 터너Joseph Mallord William Turner의 〈비, 증기, 속도〉라는 그림이 있습니다. 이 그림은 대서부철도를 보여주고 있습니다. 브루넬은 철도를 통해서 사람들에게 무엇을 보여주고 싶었던 것일까요?

팀 브라운은 브루넬이 기차를 통해 승객들이 교외를 지나며 가슴이 두근거리는 경험을 하길 원했다고 이야기합니다. 브루넬은 최상의 기차길을 디자인하는 것에서 그치지 않았습니다. 그는 사람들이 런던에서 기차를 타고 뉴욕에 도착한 배에서 하선할 수 있는 혁신적인 통합 운송 시스템을 만들기 원했고, 마침내 최대 규모의 증기선인 SS그레이트 웨스턴호SS Great Western를 만들었습니다.

디자인 사고의 핵심은 역시 사람이다

이러한 브루넬의 작업들은 세상을 바꾸고 문제를 해결하는 것이었고, 팀 브라운은 브루넬이 디자인 사고를 했다고 말합니다.

또한 토론토대학교 경영학 교수인 로저 마틴Roger Martin은 "디자인 사고는 통합적 사고로 시작한다"라고 이야기합니다. 즉 새로운 해결책을 찾기 위해서 상충되는 아이디어와 제약요소를 활용하는 것이죠.

그것은 사람들이 필요로 하는 바람직함Desirability, 기술적 타당성Technical feasibility, 경제적 지속가능성Economic viability이 균형을 이루는 것을 의미합니다. 그는 이 3가지가 조화를 이룰 때 브루넬처럼 혁신이 일어날 수 있다고 이야기합니다.

이러한 디자인 사고의 핵심은 '인간 중심'입니다. 디자인 사고는 사람으로부터 시작하며 지구온난화, 의료보험, 교육 등 다양한 세상의 문제를 디자인 사고를 통해 해결할 수 있습니다. 그러므로 기술을 활용해 어떤 것들을 쉽게 사용할 수 있는가에서 더 나아가 문화와 맥락을 이해해야 합니다. 팀 브라운의 말을 들어보죠.

"디자인은 인간중심적입니다.
디자인은 기술과 경제를 통합시킬지 모르지만
사람이 필요한 혹은 필요로 할 것 같은 것에서 시작합니다."

질문이야말로
발산 사고를 위한 기초

예를 들어 개발도상국에 필요한 보청기를 만든다고 생각해보죠. 여러분은 무엇부터 할 것인가요? 보청기 관련 기술 전문가는 누구이고, 관련 기술로는 무엇이 있는지 검색부터 할 건가요? 디자인 사고를 한다면 현지에 가서 사람들이 필요로 하는 것이 무엇이고 무엇을 만들 수 있을지부터 고민할 것입니다.

이를 고민한 후에는 프로토타입을 만들며 문제 해결을 가속화하고 혁신을 창출해냅니다. 구체화를 해봐야 제품의 강약점을 파악할 수 있기 때문이죠. 이를 빠르게 할수록 혁신은 가속화됩니다. 이것이 바로 문화와 맥락을 이해하는 것입니다. 개발도상국에는 기술 전문가가 부족할 수도 있고, 먼저 현지의 의료시스템과 사람들의 생활을 파악하는 것이 필요하기 때문입니다.

결국 디자인 사고의 출발점은 사람이고, 매개체는 프로토타입이며, 종착점은 사람들의 참여입니다. 이를 통해 소비자와 생산자의 관계는 능동적으로 바뀌며, 소비자와 생산자 모두에게 이익을 줄 수 있는 구조로 바뀔 수 있습니다.

디자인 사고는 결국 우리가 어떤 대안을 선택하는 데 있어 수렴식으로 접근하는 것이 아니라 발산적으로 접근하는 것을 의미합니다. 사람·문화·맥락을 이해하며 해결책을 한정시키지 않고 다양한 아이디어를 찾습니다. 이러한 과정의 첫 단계는 '우리가 해결하고자 하는 질문은 무엇인가'입니다. 질문을 통해 발산적 사고의 기초를 닦는 것입니다.

그래서 디자인 사고에서 질문은 매우 중요합니다. 이를 통해 여러분은 시야를 확대할 수 있고, 다양한 해결책을 검토해볼 수 있습니다.

본질에 집중하는 질문이 프레임을 바꾼다

어떻게 하면 질문을 통해 사고를 확장시킬 수 있을까요? 예를 들어 미래의 원격 화상회의 시스템을 개발한다고 했을 때, 다음의 2가지 질문을 생각해보기 바랍니다.*

"어떻게 하면 원격 화상회의를 더 잘할 수 있을까?"

"어떻게 하면 비행기 여행의 수고를 대체할 실용적인 방법을 제공할 수 있을까?"

여러분은 어떤 질문이 더 좋은 질문이라고 생각하나요? 첫 번째 질문은 현상에만 집중한 질문입니다. 첫 번째 질문을 통해서

---

* 톰 켈리·데이비드 켈리 지음, 박종성 옮김, 『유쾌한 크리에이티브』, 청림출판, 2014.

는 새로운 시스템 개발에 한계가 있습니다. 현재 시스템의 기능을 고도화하는 데에만 초점을 둘 수밖에 없기 때문입니다. 반면 두 번째 질문은 어떤가요? 원격 화상회의 시스템의 본질에 접근하는 질문입니다. 이 질문을 통해 우리는 다른 관점에서 폭넓은 사고를 할 수 있습니다.

결국 질문은 우리가 기존에 가지고 있던 프레임을 전환시켜주고, 발산적 사고를 확대시켜줍니다. 여러분에게 지금 새로운 아이디어가 필요하다면, 사람에 집중하는 새로운 관점의 질문으로 기존의 프레임을 바꿔보기 바랍니다.

조직을 변화시키는 5가지 방법

5 ways to lead in an era of constant change

중요한 핵심은 '변화는 왜 이렇게 힘든지'와 '이를 바꿀 수 있는 방법은 없는지'입니다.

여러분은 조직의 변화에 대해 어떻게 생각하나요? 조직의 변화는 불가능하다고 생각하나요? 아니면 조직의 변화는 그래도 해야 한다고 생각하나요? 조직 변화 전문가 짐 헤멀링Jim Hemerling의 테드 강연으로부터 그 해답을 찾아보겠습니다.

짐 헤멀링은 사람들이 개인의 변화에 대해서는 긍정적이라고 생각합니다. 사실 우리는 스스로를 통제할 수 있고, 스스로의 변화를 위한 실행도 자신 있다고 생각합니다. 그래서 개인의 변화는 매우 두근거리는 일입니다. 나를 변화시키기 위해 어떤 것에 한번 집중해보자는 의지도 생기기 때문입니다.

반면 조직의 변화에 대해서는 어떤가요? 개인과 조직의 변화 앞에서 개인에 대해서는 긍정적이고, 조직에 대해서는 부정적이라는 느낌이 드나요? 대부분의 사람이 그럴 것이라고 생각합니다. 수많은 자기계발서가 개인의 변화를 촉진하라고 이야기하고 있고, 사람들은 그에 응하고 있습니다.

조직의 변화가
현재진행형인 시대

짐 헤멀링 또한 개인의 변화에 대해서는 누구나 긍정적인 감정을 가지고 있다고 말합니다. 하지만 조직은요? 말도 하기 싫은가요? 혹은 한숨부터 나오나요?

사실 저 또한 그렇습니다. 10년 이상 회사를 다녔지만 조직의 변화는 항상 엄청난 장애물에 가로막혀 쉽지 않다는 것을 알고 있습니다. 하지만 잘 생각해보면 조직의 변화는 필연적입니다. 그리고 어찌되었든 조직의 변화는 끊임없이 이루어져 왔습니다. 만약 조직의 변화가 없었다면 우리 주변에 있는 수많은 기업들은 존재 자체가 어려웠을 것입니다.

그래서 짐 헤멀링은 현재를 '변화가 항상 진행중always-on인 시대'라고 말합니다. 이런 변화는 사실 우리가 피한다고 해서 피할 수 있는 것이 아닙니다. 그렇다면 우리가 생각해봐야 할 것은 크게 2가지가 있다고 짐 헤멀링은 말합니다.

'변화는 왜 그렇게 힘든가?'

'이를 바꿀 수 있는 방법은 없는가?'

조직의 변화를 위한 기본 전제

먼저 변화라는 것이 본래 어렵다는 것을 수긍해야 합니다. 사람들은 기본적으로 변화를 거부합니다. 그냥 평소에 하던 대로 하는 것이 조금 힘들더라도 변화하는 것보다는 낫다고 생각하죠. 그래서 변화가 필요할 때, 리더는 변화가 필요한 타이밍을 놓칩니다. 하지만 변화는 피할 수 있는 것이 아니므로 결국 변화로 인해 위기가 발생하고, 사람들은 변화로 인해 지치기 시작합니다.

이런 상황에서 위기 상황을 타개하기 위한 변화는 단기적 처방에만 집중하고 근본적인 변화는 나오지 않습니다. 학교 시험에 대비하기 위한 공부는 단기적으로 가능하지만 근본적인 교육 개혁을 이끌어내지 못합니다. 이미 우리는 주변에서 그런 현실을 볼 수 있습니다. 그렇다면 변화의 방법을 바꾸는 것이 필요하지 않을까요? 구성원 스스로 변화를 이끌 수 있도록 말이죠. 짐 헤멀링은 말합니다.

"변화는 항상 진행중이기 때문에
조직은 지속적으로 변화할 것입니다.
하지만 그것이 사람을 지치게 하는 일이 되어서는 안 됩니다."

사람에 집중하는 조직 변화의 5가지 방법

짐 헤멀링은 조직의 변화를 위해 사람에게 집중해야 한다고 강조했습니다. 그는 사람에게 집중하려면 구체적으로 다음의 5가지 방법이 있다고 말합니다.

첫 번째는 목적을 통해 영감을 불어넣는 것입니다. 하지만 그 목적은 기업의 재정적인 목적이 아닌 미션 같은 것입니다. 근본적인 목적에 집중하는 것이죠. 앞서 보았듯이 레고는 이를 통해 조직의 변화를 꾀할 수 있었습니다. 레고의 목적은 미래의 블록 이용자들에게 영감을 불어넣고 개발하는 것을 목적으로 설정했습니다. 판매 증대가 아닌 수백만 명의 아이들이 레고블럭을 경험할 수 있게 했습니다. 또 신제품 개발이 아닌 놀이를 통해 아이들이 학습의 즐거움을 경험하게 한 것이죠. 이런 목적의식이 레고의 직원들에게는 동기부여가 된 것입니다.

두 번째는 무엇보다 사람을 우선시했다는 것입니다. 사람을 우선으로 하기 위해 모든 것을 거는 것이죠. 변화를 추진하기 위해 인력만 정리하면 될까요? 그렇게 해서는 안됩니다. 장거리 달리기를 잘하기 위해 몸무게만 줄인다고 되지 않습니다. 이기기 위해서는 모든 것을 걸어야 합니다. 비용 절감뿐만 아니라 성장을 위한 중단기적인 계획과 함께 근본적으로 회사의 운영 방식을 바꿀 수 있는 실행계획도 수립해야 합니다. 또한 리더십과 인재 개발을 위한 투자도 필요하죠.

세 번째는 변화가 이루어지는 동안 사람들이 성공하기 위해 필요한 능력을 가질 수 있도록 해주는 것입니다. 조직의 변화를 위해 필요한 스킬과 방법을 알려주어야 합니다. 글로벌 소프트웨어 회사 크로노스Chronos는 서비스로서의 소프트웨어를 개발하기 위해 새로운 툴에 투자했습니다. 직원들이 제품의 사용현황과 새로운 서비스에 대한 고객만족을 모니터링하기 위함이었죠. 직원의 스킬 개발에도 투자해 문제 발생시 즉각 해결할 수 있도록 했습니다. 특히 서비스의 시작부터 종료까지 고객경험을 단절하지 않고 전달하기 위해 협업을 강화했습니다.

네 번째는 지속적인 학습문화를 조성하는 것입니다. 모든 조직은 지속적인 학습을 통해 역량을 축적하는 것이 필요합니다. 하지만 대부분의 조직은 사일로silo 현상이 만연해 조직 간 지식의 전달과 공유가 이루어지지 않습니다. 또 경쟁문화로 인해 상호 간의 협업 또한 일어나지 않죠. 마이크로소프트도 이런 사일로 현상과 내적 경쟁의 문화가 있었습니다. 그래서 조직 문화의 변화를 통해 모바일과 클라우드 퍼스트 환경에서 경쟁하기 위한 변화를 시도했습니다. 또한 성장을 위한 마인드셋을 정립하고 경청하며, 구성원들이 지속적인 학습을 할 수 있는 환경을 조성하려고 노력했습니다.

마지막은 가장 중요한 리더입니다. 리더는 비전을 제시하고 이를 실행하기 위한 이정표를 알려주어야 합니다. 그래서 구성원이 자신의 업무에 책임을 질 수 있도록 해야 합니다. 하지만 업무 중심으로 한다고 해서 사람을 간과해서는 안 됩니다. 사람을 우선으로 생각하며 포용적 리더십을 발휘해야 합니다.

변화는 결국 사람과 공감이 최우선

변화는 결국 사람의 이슈입니다. 조직의 시스템이나 프로세스는 그 이후입니다. 어떻게 사람들이 조직의 변화에 공감하고 조직 내의 변화를 위한 프로그램에 순응할 수 있게 하느냐가 중요합니다. 위대한 기업도 변화가 없으면 무너집니다. 짐 콜린스Jim Collins의 책 『좋은 기업을 넘어 위대한 기업으로Good to Great』에서 나온 일부 기업들도 결국은 기존의 성공방정식과 관성에 매몰되어 몰락의 길을 걸었습니다.*

여러분은 조직의 변화와 혁신을 위한 첫걸음이 무엇이라고 생각하나요? 조직은 아직 준비가 안 되었다고 생각하나요? 아니면 조직은 준비가 되었는데 구성원들의 생각이 아직 바뀌지 않았다고 생각하나요?

조직의 변화에 있어 가장 큰 걸림돌은 '무사안일주의'입니다. 변화관리의 대가 존 코터John Kotter 교수는 무사안일주의에 빠진 사람들은 외부보다 내부에 집중한다고 지적합니다.** 그리고 그들은 자신의 책임을 남에게 전가하는 행태를 보이기도 합니다. 무사안일주의는 꼭 무능한 사람만 빠지는 것이 아닙니다. 변화의 노력이 중단될 때 누구나 자연스럽게 빠지게 됩니다. 이는 짐 콜린스가 『위대한 기업은 다 어디로 갔을까How The Mighty Fall』에서 이야기했던 것처럼 위기의 첫 순간은 성공으로부터 자만심이 생길

---

* 짐 콜린스 지음, 이무열 옮김, 『좋은 기업을 넘어 위대한 기업으로』, 김영사, 2005.

** 존 코터 지음, 유영만·류현 옮김, 『존 코터의 위기감을 높여라』, 김영사, 2009.

때 나타나는 현상이기도 합니다.* 그런 현상이 더 확대되면 지나친 욕심을 부리고 외부의 위기를 쉽게 간과하다가 결국 몰락의 길로 들어섭니다.

이는 기업에게만 적용되는 사항은 아닐 것입니다. 개인들도 자신의 성공방정식을 고수하다가 스스로 몰락의 길로 들어서는 경우를 많이 볼 수 있기 때문입니다. 장수하는 연예인과 잠시 떴다가 사라지는 연예인의 결정적 차이도 바로 이런 것 아닐까요? 오늘도 우리는 변화의 길목에 서있습니다. 그 길목에서 어디로 가야 할지 결정하는 것은 오직 자신입니다.

* 짐 콜린스 지음, 김명철 옮김, 『위대한 기업은 다 어디로 갔을까』, 김영사, 2010.

100년 동안 살아남을 회사의 전략이 있는가?

How to build a business that lasts 100 years

기계적 사고방식은 한계가 있습니다.
생물학적 사고방식이 필요합니다.

"우리 회사가 앞으로 100년간 확실하게 살아남을 수 있기 위해서는 무엇을 해야 합니까?"

전략컨설턴트인 마틴 리브스Martin Reeves는 글로벌 기술 기업의 CEO로 재직중일 때 위의 질문을 받았다고 합니다.

여러분이 이런 질문을 받는다면 어떤 생각이 드나요? 회사가 앞으로 100년 후에도 살아남는다고? 그게 가능할까요? 어려운 질문입니다. 현재 한국의 대기업 중 100년을 버텨낸 기업은 손에

설립순	기업	전신	설립연도
1	두산그룹	박승직상점	1896년
2	신한은행	한성은행	1897년
3	동화약품	동화약방	1897년
4	우리은행	대한천일은행	1899년
5	몽고식품	산전장유공장	1905년
6	광장시장	광장주식회사	1911년
7	보진재	보진재석판인쇄소	1912년
8	성창기업지주	성창상점	1916년
9	KR모터스	대전피혁공업	1917년
10	경방	경성방직	1919년

● 한국의 100년 기업
출처 : 중소기업연구원

꼽을 정도입니다. 미국의 상장 기업들의 수명도 30년밖에 안 되는데 말이죠.

사실 100년 후의 생각보다 앞으로 3년, 5년 후가 CEO들에게는 더 큰 걱정입니다. 5년 후에 회사가 사라질 확률이 32%나 되기 때문입니다. 한국에서 100년 넘은 기업이 손꼽을 정도인 이유에는 산업화의 시기가 짧기 때문이기도 하지만, 그만큼 100년이란 시간 동안 생겨나는 수많은 변화에 슬기롭게 대응하는 것이 어렵기 때문입니다.

중소기업연구원에 따르면, 한국의 100년 기업은 두산그룹, 신한은행, 동화약품, 우리은행 등 10개 기업 정도가 있습니다. 이런 기업들은 AI, 빅데이터 등 IT융복합 기술의 빠른 발전에도 여전히 우리 곁을 지니고 있습니다. 그렇다면 어떻게 해야 이런 기업들처럼 우리도 100년 기업을 만들 수 있을까요?

생물학이 알려주는 100년 기업의 비밀

마틴 리브스는 이런 질문에 대해 생물학 관점에서 고민했습니다. 자연 생태계는 오랫동안 지속되어 왔죠. 그리고 한 번 파괴되어도 오랜 시간이 걸리지만 회복을 해왔습니다. 프린스턴대학교에 있는 자신의 친구와 열대우림, 임야, 어장 등 다양한 생태계를 관찰했습니다. 그리고 무엇이 이 생태계를 회복력 있고 지속력 있게 만들었는지 알게 되었죠.

그는 이것을 크게 6가지로 정리했습니다. 그것은 바로 반복성 redundancy, 다양성, 모듈성, 적응력, 신중함, 배태성 embeddedness 입니다. 이 6가지 특성은 로마 제국이나 가톨릭 교회의 특성이기도 했습니다. 또한 경영에서도 장수한 기업들은 이 6가지 원칙이 존재했지만 단명한 기업에게는 없었다고 합니다.

이 6가지 원칙을 잘 지키지 않아 파산한 기업 중 하나는 코닥입니다. 2012년 1월 파산한 코닥은 한때 업계를 선도했었죠. 디지털 카메라도 사실 최초로 만든 기업입니다. 하지만 코닥은 적응력이라는 원칙을 어겼습니다.

반면 한때 코닥의 경쟁자였던 후지 필름은 어떤가요? 필름 제작에서 쌓은 기술력을 바탕으로 정밀화학, 재료공학, 광학 등으로 사업을 다각화했습니다. 지금은 필름 재료인 콜라겐과 필름 변색을 막는 화합물을 활용해 2007년에 노화 방지 화장품인 아스타리프트를 만들었습니다. 급변하는 기업 환경의 변화에 적응한 것이죠. 다양성, 적응력, 신중함이라는 원칙을 잘 지켰던 것이라고 볼 수 있습니다.

다음 사진은 일본 오사카에 있는 사원입니다. 일본의 가장 오래된 사원 중 하나죠. 이 사원은 586년, 백제에서 온 콩고 시게미츠(한국 이름은 유중광)가 만든 것입니다. 그리고 그는 콩고구미Kongō Gumi라는 회사를 설립했고 1,400년 이상 생존해온 세계 최고(最古)의 기업이 되었죠. 이 회사는 〈타임Time〉 지의 '아시아의 가족기업'란에 소개되기도 했습니다.

하지만 지금은 이 회사가 어떻게 되었을까요? 부동산 사업을 위해 대출을 받았다가 일본 경제의 거품이 터져 대출금을 상환할 수가 없어 대형건설사에 인수되었다고 합니다. 40대까지 이어져 온 콩고구미 가문은 앞서 보았던 6가지 원칙 중 신중함의 원칙을 지키지 못해 역사 속으로 사라진 것이죠.

반면에 도요타는 제동장치 관련 유일한 부품업체가 화재로 모두 불타버렸음에도 불구하고 이를 빠르게 회복했습니다. 그리고

● 일본의 오사카 사원
출처 : www.digital-images.net

그 회복 기간은 불과 5일 밖에 되지 않았습니다. 이런 도요타의 빠른 회복력은 공급망 네트워크에서의 모듈성, 통합 시스템 내의 배태성, 기능의 반복성 원칙이 적용되었기 때문입니다. 도요타는 공급망 내 다른 업체들과의 협업을 통해 다시 자동차 생산을 재개할 수 있었습니다.

광학렌즈 업체의 선도기업인 에실러Essilor는 회사에 부정적 영향을 미칠 수 있음에도 불구하고 혁신적인 신기술을 적극 개발했습니다. 그 결과 40여 년 동안 시장을 선도하고 있습니다. 신중함과 적응력의 원칙을 고수하고 있는 것이죠. 앞서 살펴본 코닥과는 다른 행보를 보인 것입니다.

기계적 사고방식보다 생물학적 사고방식이 필요하다

지금까지 이야기한 지속가능한 시스템은 분명 기업의 생존을 위해 필수적입니다. 하지만 왜 이런 원칙이 잘 활용되지 않을까요? 그것은 바로 '사고방식이 변하지 않아서'입니다.

여러분도 알고 있듯이 보통 회사는 어떤 목표를 정하고 이를 달성하기 위한 전략을 수립합니다. 이를 위해 문제를 분석하고 개선방향을 수립하죠. 하지만 이런 방식은 대부분 단기적인 성과를 강조합니다. 물론 안정된 환경에서 기계적 사고방식은 빠르게 문제를 풀 수 있는 좋은 방법이기도 합니다. 하지만 지금처럼 미래를 예측할 수 없는 환경하에서 기계적 사고방식은 한계가 존재합니다.

그래서 마틴 리브스는 생물학적 사고방식이 필요하다고 이야기합니다. 예측 불가능한 상황을 통제하기는 어렵기 때문에 이에 유연하게 대처하는 사고가 필요한 것이죠.

일본 교세라 그룹의 아메바 조직은 생물학적 관점과 연결되어 있습니다.* 아메바 조직은 최소단위로 나누어 자율경영을 할 수

---

* 박준하, '자기 완결형 성과주의의 실천: 日 교세라 그룹의 아메바 조직을 중심으로', 포스코경영연구원, 2016.

있는 기반을 만들어줍니다. 그리고 아메바 조직의 리더는 작은 조직을 이끌며 상위 조직의 리더로 성장할 수 있습니다. 이렇게 되면 책임과 권한이 현장으로 위임되고, 긴급 상황시 빠르게 자율적으로 대응할 수 있습니다. 또한 경쟁보다 협력관계를 구축하면서 자연스레 마틴 리브스가 이야기한 6가지 요건을 충족시킬 수도 있습니다.

우리나라에서도 네이버가 교세라의 아메바 조직에 착안해 셀 조직을 운영했습니다. 결국 생물학적 관점에서의 조직은 자율과 협력이라는 관점이 가장 중요한 것입니다.

지금의 스타트업들은 기계적 사고방식보다 생물학적 사고방식에 익숙합니다. 사실 대기업들도 초기에는 그랬죠. 하지만 규모가 커지면서 환경을 통제할 수 있고 바로 대응할 수 있다는 생각에 사로잡혀 생물학적 사고방식을 상실하게 되었습니다. 이제는 다시 스타트업처럼 유연하게 생물학적 사고방식을 활용해 환경에 대응해야 합니다.

경영전략의 핵심도 경쟁환경이 우리에게 유리한지 여부를 파악하기보다는 '우리 기업이 얼마나 지속할 수 있을까'라는 생각에 중점을 두어야 합니다.

테드에서 떠올린 생각

지속가능한 기업은 무엇이 다를까?

기업들은 끊임없이 변화와 혁신을 추구하지만 빠른 변화에 대응하지 못하고 쇠락의 길로 들어서기도 합니다. 변화의 필요성을 인지하지만 변화에 대한 대응능력이 없는 기업, 혁신을 추구하지만 기존의 관성에 벗어나지 못하는 기업, 새로운 것을 추구하지만 인재육성을 하지 못한 기업 등 다양한 이유로 기업은 어려움에 처합니다. 지속가능한 기업을 만들기 위해 무엇이 필요한지 다음 질문에 답해보며 생각해보기 바랍니다.

1. [미션] 당신의 기업이 존재하는 이유는 무엇일까요?

2. [사업] 미션에 따라 기존 사업과 신사업은 어떻게 균형을 맞출 수 있을까요?

3. [역량] 기존 사업혁신과 신규사업 추진 관점에서 필요한 역량은 무엇일까요?

4. [실행] 기존의 관성에서 벗어나 어떻게 새로운 변화를 시작할 수 있을까요?

Technology
Entertainment
Design

사회가 꾸준히 발전하는 것처럼 기술도 꾸준히 진화합니다.
기술은 점점 파괴적으로 변화하고 있으며,
사회에 끼치는 영향력도 커지고 있습니다.
하지만 기술은 결국은 사람을 위한 것입니다.
기술은 항상 차가운 것만은 아닙니다.
사람이 다루는 기술은 결국 사람에게서 나옵니다.
그래서 때론 따뜻한 인문학이 필요한 것 아닐까요?
테드를 통해 다가올 미래를 살펴봅니다.

04

테드와 기술

지속가능한 기술과 미래를 창조하라

기술은 어떻게 진화하고 무엇을 원하는가?

How technology evolves

기술은 지금도 계속 변하고 진화중입니다.
기술은 결국 더 좋은 방향으로 진화합니다.

여러분에게 기술은 어떤 의미를 가지고 있습니까? 항상 가지고 다니는 스마트폰은 자신에게 어떤 존재입니까?

기술은 양면성을 가지고 있습니다. 분명 우리의 삶 자체를 편리하게 만들기도 하지만, 그로 인한 부정적 측면도 있습니다. 하지만 그렇다고 '부정적 측면이 있으니 기술의 발달은 더이상 필요 없다'라고 생각할 수 있을까요? 그렇지 않을 것입니다. 기술은 사람들의 성장욕구에 의해 끊임없이 발달할 것입니다.

100년 전만 생각해봐도 지금의 우리 모습을 상상할 수 있었을까요? 혹은 20년 전에도 스마트폰을 통해 모든 것이 이루어지는 세상을 상상할 수 있었을까요? 이번에는 케빈 캘리Kevin Kelly의 테드 강연을 통해 기술이 어떻게 진화하고, 그 진화가 어떤 의미를 가지는지 생각해보려 합니다.

기술은 무엇을 원하는가?

디지털 전문가인 케빈 캘리는 기술의 진화를 말합니다. 기술은 인간이 태어난 후 발명된 모든 것, 아직 제대로 작동하지 않는 모든 것이었습니다. 하지만 '기술은 무엇을 원하는가'라는 질문을 던져봄으로써 기술에 대해 제대로 이해할 수 있습니다. 기술은 앞서 말했듯이 우리 삶에 항상 존재하고 있기 때문에 삶의 이해가 곧 기술 이해의 시작입니다.

모든 생명체에는 하나의 법칙만 존재하지 않습니다. 항상 예외가 있습니다. 모든 생명체는 생명의 법칙을 파헤치면서 진화하기 때문입니다. 지구를 탐험한다면 우리는 우리가 모르고 있었던 수많은 생명을 만날 것입니다.

케빈 캘리는 이러한 생명체들이 존재하는 것은 우리가 알고

● 우리가 흔히 떠올리는 개미의 모습
출처 : www.pctonline.com

있는 생명의 법칙이 해킹되고 있기 때문이라고 이야기합니다. 그래서 그는 'Organism=Hack'이라고 말합니다. 개미를 예로 들어 생각해볼까요? 여러분이 생각하는 개미의 모습은 어떤가요? 흔히 우리는 위와 같은 개미의 모습을 떠올립니다.

생명의 진화와 기술은 다르지 않다

하지만 세상에는 우리가 흔히 볼 수 있는 개미들만 존재하지 않습니다. 다음 페이지의 그림에 보이는 개미는 자신의 배에 동료의 꿀을 보관하는 개미입니다. 모든 생명체는 각기 다른 방식으로

● 동료의 꿀을 배에 보관하는 개미
출처 : lizwason.wordpress.com

삶을 살아가고, 이는 생명의 법칙을 해킹함으로써 가능합니다.

케빈 캘리는 이러한 생명체의 법칙을 통해 진화를 5가지 트렌드로 정의합니다. 바로 편재성ubiquity, 다양성, 전문화, 복잡성, 사회화입니다. 이런 5가지 진화 트렌드를 통해 그는 '기술은 무엇을 원하는가'라는 질문을 떠올렸고, 기술 또한 생명의 진화와 다르지 않다고 생각했습니다.

생명의 법칙은 꼭 기술뿐만 아니라 다른 영역에서도 우리에게 많은 것을 알려줍니다. 우리 머릿속의 개미에 대한 고정관념을 타파할 수 있는 기회를 만들어줄 수도 있습니다. 이는 기업이 지속성장을 하기 위해 새로운 환경에서는 다른 방법으로 적응해야 한다는 것을 간접적으로 알려줍니다.

기술도 점점 전문화·다양화되고 있습니다. 예를 들어 범용적으로 쓰이는 망치를 생각해보죠. 우리가 흔히 떠올리는 망치는 노루발장도리claw hammer라고 하며, 이 외에도 둥근머리망치ball-peen hammer, 대해머sledge hammer 등 다양한 망치들이 존재하고, 각각의 망치들은 특정 용도로 사용됩니다.

또 다른 측면에서 기술은 우리 주변에 항상 존재하고 복잡해지고 있습니다. 결국 기술이란 생명학적 시스템과 다르지 않습니다. 그런데 다른 점이 하나 있습니다. 기술은 사라지지 않는다는 것입니다. 생물은 멸종이 되면 끝나지만 기술은 오래된 기술이라도 존재한다는 것입니다. 케빈 캘리는 증기자동차를 예로 듭니다. 이제 증기자동차는 없지만 이와 관련된 부품은 여전히 구매할 수 있다고 말합니다. 심지어 석기 시대의 칼도 구매할 수 있죠.

기술은 지속되게 만드는 무한한 게임이다

기술은 계속 변하고 진화중입니다. 진화하는 생물체의 특별한 능력이 진화하는 것처럼 말이죠. 그는 진화는 게임을 연장하는 하나의 방법이며, 기술은 결국 더 좋은 방향으로 진화한다고 말합니다. 이는 무한한 게임infinite game입니다. 유한한 게임이 이기기 위한 게임이라면, 무한한 게임은 게임이 지속될 수 있게 합니다. 기술은 우리에게 다름, 자유, 선택, 가능성을 가져다줍니다.

반 고흐가 태어났는데, 그 시대에 유화물감이 없었다면 어땠을까요? 필름기술이 없었다면 히치콕 같은 대단한 영화감독이 나왔을까요? 베토벤이 태어났는데 피아노가 없었다면요? 그렇기 때문에 우리는 기술을 개발해야 하는 책임을 갖고 있습니다. 그것이 결국 기술이 원하는 것입니다. 기술을 통해 사람들은 다름을 깨달을 수 있습니다.

어쩌면 그의 이런 생각들은 새로운 기술이 새로운 것들을 만들 수 있다는 것을 말하고 있습니다. 기술의 발달에 따른 무인화는 분명 사람의 일자리를 빼앗을 것이지만, 새로운 기술은 다른 영역에서 또 다른 일자리를 창출한다는 것입니다. 그래서 케빈 캘리는 다음과 같이 말합니다.

"우리는 모든 사람이 진정한 차이를
깨달을 수 있는 잠재력을 보유하기 위해
기술개발의 도덕적 의무를 지니고 있습니다."

기술은 결국 진화를 진화시키기 위한 방법으로 우리는 이를 통해 더 많은 기회를 찾을 수 있습니다. 이는 결국 자신이 삶에서 스스로의 과제가 무엇인지를 찾는 것과 연결되어 있습니다. 그런 의미에서 우리는 기술을 포용하고 삶의 여정 속에서 자신을 찾아가야 합니다.

그래서 캐빈 캘리는 "생명체를 해킹하기 위해 접근하는 6가지 형태의 접근법*이 있는데, 기술은 7번째"라고 이야기하기도 합니다. 우리는 이제 생명의 진화처럼 기술을 통해 또 다른 특기를 찾아야 할지 모릅니다.

최근 초등학생 때부터 소프트웨어 교육이 활성화되고 있는 것도 이와 다르지 않을 것입니다. 과거에는 없었던 '데이터 사이언티스트Data Scientist'라는 말은 지금 우리 삶에서 기술이 어떻게 활용되고 있는지를 보여주는 대표적인 예일 것입니다. 지속가능성을 위한 무한한 게임이 사람의 삶 속에서 무한한 삶을 만들 수 있는 밑바탕이 되길 기대해봅니다.

---

* 6개의 계(six kingdoms): 식물, 동물, 균, 원생생물, 박테리아, 고세균

기술의 발전은 파괴적이다

The accelerating power of technology

흔히 기술발전은 선형적이라고 여깁니다.
하지만 기술은 지수 성장을 합니다.

다음 그래프는 미국의 소비재 제품의 보급률을 보여줍니다. 여러분은 이 그래프를 보면서 어떤 생각을 했나요? 혹은 이 그래프를 보면서 어떤 특징을 볼 수 있었나요? 제품의 보급률 그래프가 점점 짧아지고 있는 것을 보았나요? 과거에 전화, 라디오 등의 보급 속도는 느렸는데, 지금의 컴퓨터, 핸드폰의 보급 속도는 기하급수적으로 빨라지고 있습니다. 이 그래프를 보다 보면 기술의 발전은 정말 파괴적이라는 생각을 많이 하게 됩니다.

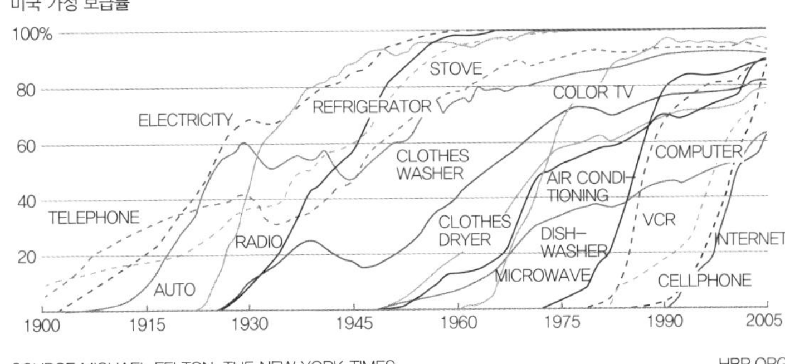

● 미국의 소비재 제품의 보급률
출처 : hbr.org

기술은 선형 성장이 아닌 지수 성장을 한다

10년 전만 해도 자동차의 내비게이션은 거치형이 대부분이었습니다. 그래서 앞좌석 쪽의 유리에 내비게이션을 부착했었습니다. 그런데 지금은 어떤가요? 대부분의 사람이 스마트폰을 내비게이션으로 활용하고 있습니다. 그리고 스마트폰이 내비게이션으로도 활용되기까지는 채 몇 년이 걸리지도 않았죠.

이런 관점에서 미래학자로 유명한 레이 커즈와일Ray Kurzweil은 테드 강연에서 기술발전이 파괴적이라는 의견을 제시합니다. 보통 우리는 기술발전이 선형적이라고 생각합니다. 일정 기간 동안 일정 수준으로 기술이 발전한다고 생각하죠. 하지만 그는 기술의

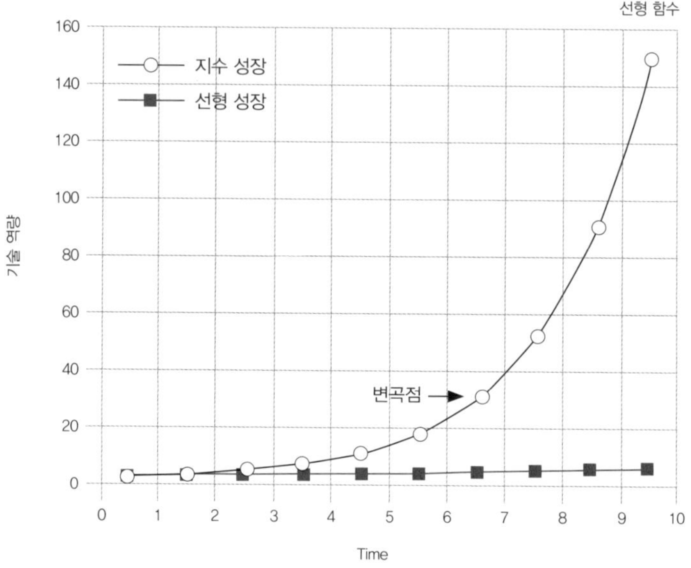

● 선형 성장 VS. 지수 성장
출처 : Ray Kurzweil, 『The Singularity Is Near』, Penguin Books, 2006.

발전이 지수 곡선형태를 띠고 있다고 말합니다.

이미 앞서 제시한 그래프만 봐도 그의 말이 무슨 의미인지 알 수 있습니다. 이러한 측면에서 현재의 문제를 해결하는 데 있어 현재 진행되는 속도로 문제를 해결할 수 있다고 생각하지만 사실은 그렇지 않다는 것입니다.

1990년대 게놈 프로젝트 당시에 많은 논란이 있었습니다. 우리나라에서도 게놈 프로젝트는 1990년대 최대 이슈 중 하나였습니다. 모두가 인간의 DNA를 분석한다는 것은 쉽지 않은 일이라고 생각했죠. 프로젝트 기간의 3분의 2가 지났을 때도 극히 일부분의 DNA 분석만 진행되었습니다.

하지만 이 프로젝트는 결국 빠른 시간 내에 끝났고, 프로젝트의 막바지에 다다랐을 때 대부분의 일이 끝났습니다. 그는 이것을 지수 성장의 특성이라고 말합니다. S곡선을 생각해본다면, 일의 대부분이 초반보다는 후반에 끝난다는 것을 알 수 있습니다.

지수 성장의 대표 사례인 무어의 법칙

이런 지수 성장의 대표적인 예는 무어의 법칙Moore's Law입니다. 사실 무어의 법칙 이전에 4번의 패러다임이 존재했습니다. 전자기계적인 계산기, 독일 암호 코드를 해독했던 릴레이 기반 컴퓨터, 진공관 컴퓨터, 트랜지스터, 집적회로(IC) 순으로 패러다임의 변화가 있었습니다. 이러한 변화의 속도는 다음 페이지의 그래프에서도 볼 수 있듯이 점점 가속화되었습니다.

토마스 쿤Thomas Kuhn이 저서 『과학혁명의 구조The Structure of Scientific Revolution』에서 이야기한 것처럼 이러한 패러다임의 변화는 기존의 규칙으로 더이상 설명할 수 없을 때, 새로운 것이 등장하며 변화했습니다. 그리고 지금은 우리가 이미 알고 있듯이 더 빠

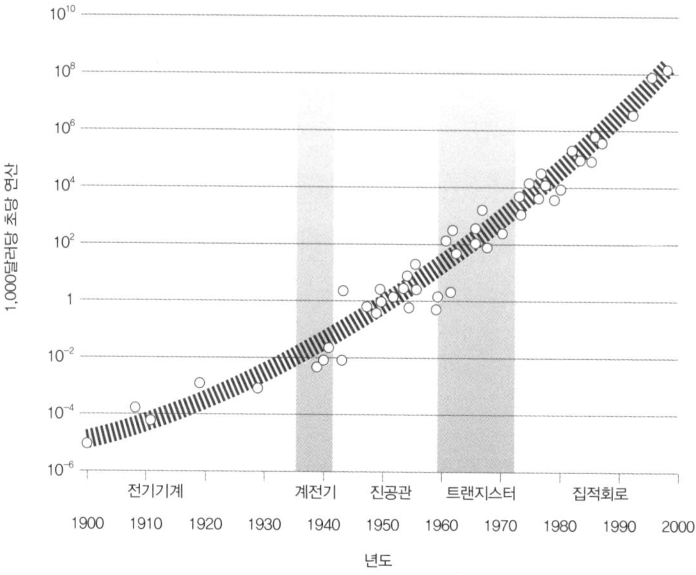

● 5번째 패러다임인 무어의 법칙
출처 : Ray Kurzweil, 『The Singularity Is Near』, Penguin Books, 2006.

르게 기술이 발전하고 있고, 이와 관련된 가격 또한 급격하게 떨어졌습니다. 1968년 1달러에 트랜지스터 한 개를 살 수 있었다면, 2002년에는 1천만 개를 살 수 있게 되었습니다.

2G, 3G, 4G, 5G 등 통신의 발전 속도도 생각해본다면 지수 성장의 의미를 더 잘 이해할 수 있습니다. 앞서 본 그래프처럼 스마트폰의 보급 속도를 생각한다면 어떨까요? 과거 전화나 TV의 보급 속도 대비 스마트폰의 보급 속도는 기하급수적입니다. 1년마다 몇 %씩 보급되지 않았죠. 처음에 보급 속도는 느렸으나 갑

자기 급증했고, 지금의 스마트폰 시장은 포화상태가 되었습니다. 그리고 이렇게 되기까지는 채 10년도 걸리지 않았습니다.

기술과 마찬가지로 생물도 동일한 진화속도를 거쳤습니다. DNA의 진화 속도는 몇 십억 년이 걸렸지만 캄브리안 대폭발 시기에는 1천만 년밖에 걸리지 않았습니다. 이처럼 진화의 속도는 점점 가속화되고 있습니다. 인쇄를 할 수 있는 능력을 갖기까지는 엄청난 시간이 걸렸지만 컴퓨터와 프린터가 보급된 후에 인쇄 기술의 발달은 가속화되고 있습니다.

현재의 발전 속도로 미래를 예측할 수는 없다

레이 커즈와일은 이런 기술의 급격한 발전으로 향후 컴퓨터는 인간의 두뇌보다 더 강력해질 것이라고 이야기합니다. 빅데이터, 인공지능, 딥러닝 등 지금 우리 주변에서 자주 들려오는 이야기들을 통해 기술이 점점 인간의 능력을 따라잡고 있다는 것을 알 수 있습니다.

이런 능력은 인간이 가지고 있는 능력과 결합될 것입니다. 또 나노로봇은 헬스케어, 환경 분야에 활용되겠지만 인간의 뇌와도 연결될 수 있을 것입니다. 사람의 신경시스템으로 들어와 사람에게 새로운 경험과 감각을 만들 수도 있겠죠.

그는 2020년대에는 사람이 필요로 하는 모든 기술이 개발될 것이라고 이야기합니다. 물론 그의 테드 강연이 2005년에 진행된 것이라는 점을 감안한다면, 그의 예측 중 많은 부분이 실현되고 있습니다.

기술은 분명 미래의 우리에게 기회가 될 것입니다. 그리고 그 기술은 계속해서 지수 성장을 할 것입니다. 우리가 미래를 예측한다면 현재의 발전 속도로 기술을 봐서는 안 될 것입니다. 기술을 통한 문제해결도 마찬가지죠.

아래 그림은 빅뱅파괴적 혁신을 보여주는 그래프입니다. 과거에는 기술수용주기가 완만했었지만 지금은 상어 지느러미 형태

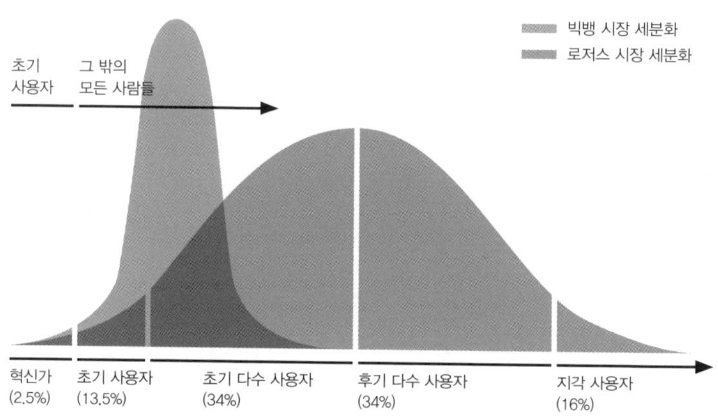

● 빅뱅 파괴적 혁신의 기술수용주기
출처 : Larry Downes, Paul Nunes, *Big-Bang Disruption*, Harvard Business Review 91(3), 2013.

처럼 바뀌고 있습니다. 초기 사용자에서 바로 대다수의 사용자로 넘어가는 구조가 되었습니다.

우리 주변의 기술이 빅뱅 파괴적 혁신처럼 얼마나 빠르게 변하고 있는지를 생각해볼 시간입니다. 인공지능 기술발달의 초기인 지금, 몇 년 후에는 인공지능 기술의 급격한 발전으로 정말 우리가 영화 속에서나 볼 수 있었던 인간과 같은 인공지능 로봇, 전자기기 등을 볼 수 있을지 모릅니다. 우리가 생각하는 기술의 발전 속도보다 기술은 더 빠르게, 더 파괴적으로 발전하기 때문입니다.

자동화는 직업을 사라지게 할까?

Will automation take away all our jobs?

자동화는 인간의 일자리를 당장은 빼앗습니다.
하지만 또 다른 새로운 일자리를 창출합니다.

다음에 나오는 2개의 표에는 각기 다른 직업들이 나열되어 있습니다. 이 표에 작성된 직업군 1과 직업군 2에는 어떠한 차이가 있을까요?

한번 생각해보았나요? 직업군 1과 직업군 2는 자동화에 따른 위험도가 높은 직업군과 낮은 직업군을 보여줍니다.

이 표는 LG경제연구원이 '인공지능에 의한 일자리 위험 진단'

직업군 1
직업명
통신서비스 판매원
텔레마케터
인터넷 판매원
사진인화 및 현상기 조작원
관세사
무역 사무원
전산 자료 입력원 및 사무 보조원
경리 사무원
상품 대여원
표백 및 염색 관련 조작원
신발제조기 조작원 및 조립원
고무 및 플라스틱 제품 조립원
가구조립원
기타 목재 및 종이 관련 기계조작원
구두 미화원
출납창구 사무원
운송 사무원
섬유제조 기계조작원
회계사
세무사

직업군 2
직업명
영양사
전문 의사
장학관·연구관 및 교육 관련 전문가
교육 관리사
보건의료관련 관리사
중고등학교 교사
학습지 및 방문 교사
컴퓨터시스템 설계 및 분석가
특수교육 교사
약사 및 한약사
기타 전문서비스 관리자
컴퓨터 강사
기타 종교관련 종사자
성직자
화학공학 기술자 및 연구원
섬유공학 기술자 및 연구원
가스에너지 기술자 및 연구원
연구 관리자
건축가 및 건축공학 기술자
환경공학 기술자 및 연구원

● 직업군 1과 직업군 2
출처 : LG경제연구원

이라는 보고서를 통해 발표한 내용입니다.*

여러분도 아마 알 수 있었을 것입니다. 직업군 1이 자동화에

* 김건우, '인공지능에 의한 일자리 위험 진단', LG경제연구원, 2018.

따른 위험도가 높은 직업군이라는 것을 말이죠. 자동화는 사람들의 일자리에 영향을 미칠 수 있습니다. 특히 흔히 말하는 틀에 박힌 업무는 자동화에 더 많은 영향을 받을 것입니다.

O링 원칙과 불만족의 원칙

경제학자인 데이비드 오토David Autor는 테드 강연에서 자동화와 일자리의 관계를 다른 관점에서 봅니다. 그는 자동화가 인간의 일자리를 당장은 빼앗을지라도 또 다른 새로운 일자리를 창출할 수 있다고 주장합니다.

그는 다음의 사례를 듭니다. ATM은 도입이 된 지 45년이나 되었습니다. 하지만 은행의 창구 직원들은 줄어들지 않았습니다. 오히려 2배가 늘었습니다. 트랙터, 생산라인, 컴퓨터 등의 도입은 분명 인간의 일자리를 감소시켰습니다. 하지만 인간의 전체적인 일자리는 줄어들지 않았습니다.

미국의 성인고용률은 1890년도에 비해 증가했고, 10년 주기로 상승하고 있습니다. 왜 이런 현상이 발생하는 것일까요? 그는 테드 강연을 통해 이러한 현상의 중심에는 다음의 2가지가 있다고 합니다.

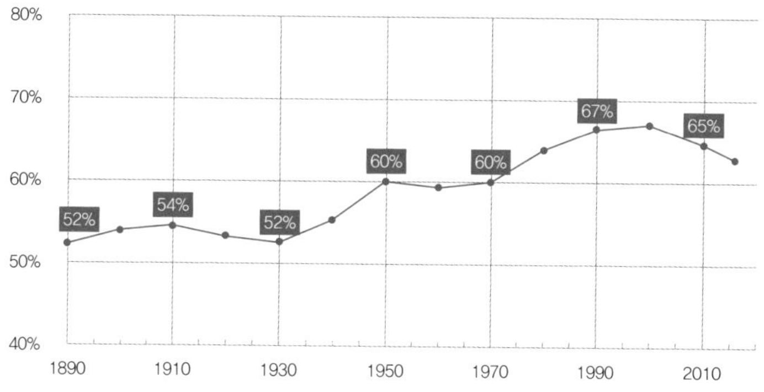

● 미국의 성인고용률
출처 : 데이비드 오토 테드 강연

하나는 인간의 천재성과 창의성 때문으로, 그는 이를 O링 원칙이라고 말합니다. 다른 하나는 인간의 탐욕으로 인한 불만족the never-get-enough의 원칙입니다.

앞서 이야기한 ATM기를 가지고 O링 원칙을 설명해보죠. 분명 ATM기는 기존 직원의 업무를 대체했습니다. 직원 수는 지점당 1/3가량 떨어졌습니다. 하지만 지점 수는 40% 가까이 증가했습니다. 그리고 기존 직원들은 새로운 업무를 담당하게 되었습니다. 단순 판매가 아닌 고객과의 관계를 구축하고 새로운 상품을 소개하는 일이었죠. 단순 업무는 줄었지만 다양한 스킬, 기술전문성 등을 요구하는 일이 생긴 것입니다. 우리가 흔히 말하는 자동화가 단순 업무에 국한된 것이 많기 때문에 이런 현상이 발생하고 있는 것입니다.

O링 원칙은 1986년 우주왕복선 챌린저호의 폭발에서 기인했습니다. 당시 챌린저호의 폭발 원인은 저가의 O링 고무밴드였습니다. 이런 상황이 발생한 것은 하버드대학교 경제학 교수가 명명한 O링 생산기능 때문이었습니다.

O링 생산기능은 하나의 체인 내에 상호 연결된 일련의 단계로서의 업무를 뜻합니다. 즉 어떤 일이 성공적으로 수행되기 위해서는 각각의 업무가 잘 연계되어 있어야 하는데, 그렇지 못할 경우 제품이나 서비스는 망가지게 되는 것입니다.

그래서 ATM이 은행원보다 돈을 더 잘 셀 수는 있지만 은행원들이 불필요해지는 것이 아닙니다. 이런 도구들이 발전할수록 기술은 사람의 영향력을 증대시키고 사람의 전문성, 판단, 창의성의 중요성은 높아지기 때문입니다.

두 번째는 불만족의 원칙입니다. 자동화는 사람들의 일자리를 빼앗습니다. 하지만 이런 자동화는 사람들에게 시간으로부터의 자유를 얻게 해주고, 새로운 제품과 서비스를 만들 수 있는 기회를 줍니다.

생각해보면 스마트폰은 사람들의 일자리를 빼앗습니다. 하지만 앱 같은 디지털 콘텐츠는 새로운 일자리를 창출시켰습니다. 한편으론 이런 생각도 할 수 있습니다. '사람들이 시간적인 측면에서 자유를 얻었다면 굳이 일을 하려고 하지 않을까?' 하지만 그는 그 누구도 일을 그만하지 않을 것이라 이야기합니다. 분명 과거보다 우리가 누릴 수 있는 시간은 많아졌지만 여전히 사람들은 무언가를 만들려고 노력하고 있기 때문입니다.

데이비드 오토는 자동화가 부를 불러온다고 이야기합니다. 노동생산성이 과거보다 더 높아질 수 있기 때문이죠. 그렇다고 기술의 발전에 따른 문제가 자연스럽게 해결되지는 않습니다.

중간 사다리의 몰락을 막기 위한 해법은 고등교육

그가 생각하는 진짜 문제는 더 좋은 일자리들이 많이 생겨나고 있음에도 불구하고 사람들이 거기에 맞는 능력이 부족하다는 것입니다. 특히 중간 기술직의 몰락이 가장 큰 문제라고 이야기합니다. 이 중간층은 기술의 발달에 따라 컴퓨터가 쉽게 대체할 수 있기 때문입니다.

미국 고용자료에 따르면, 2016년 저숙련 기술과 고숙련 기술에서의 고용은 1979년 대비 성장했습니다. 하지만 중간 기술에서의 고용은 감소했습니다. 이는 경제의 중간 사다리를 사라지게 하고, 점점 더 계층화된 사회를 만들 수 있습니다. 그러나 이런 위험은 과거와 마찬가지로 고등교육을 통해 해결할 수 있다고 말합니다.

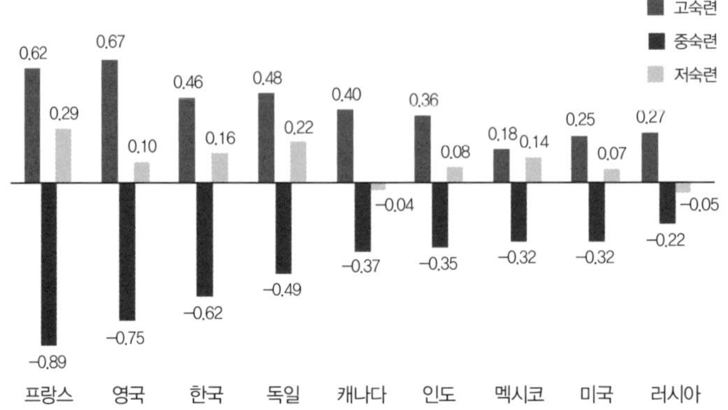

● 기술 숙련도별 일자리 비중 변화(1995~2012, %p)
출처 : World Bank

이런 분석은 World Bank의 기술 숙련도별 일자리 비중 변화 자료에서도 볼 수 있습니다. 이 자료에 따르면 중숙련 일자리의 비중은 고숙련과 저숙련 일자리 대비 큰 폭으로 감소하였습니다.

앞서 살펴본 LG경제연구원의 진단에서도 자동화는 국내 사무, 판매 등의 직무에 더 크게 영향을 미친다고 말하고 있습니다.* 이는 학력이 높은 관리자나 전문직, 학력이 낮은 농림어업 숙련직, 단순노무직 등은 자동화에 상대적으로 영향을 덜 받는 것으로 보입니다. 그래서 중산층의 몰락을 가져올 수 있다고도 말하는 것입니다.

---

* 김건우, '인공지능에 의한 일자리 위험 진단', LG경제연구원, 2018.

어떤가요? 경제위기가 오면 항상 양극화로 인해 중산층의 몰락을 이야기합니다. 기술의 발달이 중산층의 몰락을 가져온다는 진단 결과는 우리 사회가 어떻게 기술의 발달에 대처해야 하는지를 말해줍니다. 즉 우리의 과제는 새로운 기술의 발달을 따라잡는 것이 될 것입니다. 이를 위해 사람들이 새로운 기술을 빠르게 습득할 수 있는 시스템이 필요합니다. 과거 기술의 발달을 사람들이 따라잡았듯이 말입니다.

사실 과거의 기술 발달과 현재의 기술 발달은 비교할 수 없을지도 모릅니다. 지금은 기하급수적으로 기술이 진화하고 있기 때문입니다. 하지만 데이비드 오토는 미래는 쉽게 전망할 수 없다고 이야기합니다. 사람들은 언제나 그랬듯이 이 새로운 환경에 대처하는 능력을 가질 것이고 이를 통해 새로운 일을 찾을 것입니다.

이런 긍정적 전망은 사실 쉽지 않은 일입니다. 하지만 우리는 현재 기술의 발전 속도에 적응하며 또 다른 산업을 만들고 그에 따라 새로운 일자리를 창출하고 있습니다. 이 때문에 데이비드 오토가 긍정적으로 미래를 바라보고 있는 것일지도 모릅니다.

기술은 생각보다 많은 것을 알고 있다

Technology that knows what you're feeling

사람의 마음속을 정확히 파악하기는 힘듭니다.
하지만 공감의 기술은 이를 가능하게 합니다.

페이스북을 하다 보면 자동적으로 페이스북에서 친구추천을 해줍니다. 그런데 가끔은 생각지도 못한 사람들을 추천해주는 경우가 있습니다. 분명 저 사람하고는 연결되고 싶지 않아 내 개인 정보를 노출하지 않았음에도 불구하고 말이죠. 이럴 때면 '페이스북은 정말 많은 것을 알고 있구나'라는 생각을 하게 됩니다.

페이스북만 그럴까요? 사실 현재 많은 IT 기업은 사람들의 개인정보와 취향 데이터를 수집하고 있고, 데이터 분석을 통해 그 사람한테 적합한 제품이나 서비스를 추천해줍니다. 이미 오래된 기술이지만 점점 진화되어 그 사람의 숨겨진 취향까지 파악할 수 있는 수준에 도달한 것 같습니다. 이런 기술은 우리에 대해 도대체 얼마나 많은 것을 알고 있을까요?

기술은 우리에게 무엇을 알려줄까?

스탠포드대학교 교수인 퍼피 크럼Poppy Crum은 신경과학자입니다. 그녀는 기술이 사람과 어떻게 상호작용하는지에 대한 연구를 해왔습니다. 그녀의 주 연구는 공감기술입니다.

여러분은 기술이 사람을 얼마나 이해할 수 있다고 생각하나요? 그녀는 테드 강연에서 기술이 우리가 아는 것보다 더 많은 것을 알고 있다고 말합니다. 컴퓨터는 사람이 진짜로 미소를 짓는 것인지, 아니면 가짜로 미소를 짓는 것인지 알 수 있습니다. 사람들은 포커페이스를 취하려 하지만 기술은 그런 것들을 확인할 수 있습니다.

그녀의 테드 강연에는 다음과 같은 사진이 나옵니다. 이 사진은 낮은 목소리와 높은 목소리에 따라 거미의 행동이 어떻게 달라지는지를 보여줍니다.

● 낮은 목소리에서의 거미 반응(좌)과 높은 목소리에서의 거미 반응(우)
출처 : 퍼피 크럼 테드 강연

낮은 목소리에서 거미는 아무 반응이 없습니다. 하지만 높은 목소리를 들었을 때 거미는 사진에서와 같이 다리가 올라가는 반응을 보입니다. 외부 환경에 반응하는 거미의 모습을 보면서 우리는 거미 내부에서 어떤 반응이 일어나는지를 파악할 수 있습니다. 이것이 그녀가 연구하는 분야이기도 합니다. 그녀는 생리학과 기술과의 관계를 연구하죠.

사람도 거미와 같을까요? 퍼피 크럼은 사람도 이미지나 말에 의해 내부적으로 반응이 일어난다고 말합니다. 신경과학을 통해서 말이죠. 어떤 소리를 듣거나 하면 우리의 눈은 동공이 커지기도 하고 작아지기도 하며 반응합니다.

그녀는 이를 테드 강연에서 실제로 보여줍니다. 두 개의 목소리가 동시에 들려올 때, 사람의 동공이 커집니다. 반면 한 개의 목소리만 들리면 다시 작아집니다. 뇌에서 복합한 메시지를 해석해야 하기 때문에 동공이 커지는 것입니다. 사람들은 자신이 포커페이스라고 말하지만, 표정이 아닌 우리 몸의 작은 반응으로도 파악할 수 있습니다.

공감의 시대,
공감의 기술

기술은 사람의 미세한 신호들을 쉽게 볼 수 있도록 합니다. 기계학습과 센서 등의 융합은 사람의 행동을 추적하고 파악할 수 있습니다. 영화에서 자주 볼 수 있는 열화상 이미지입니다. 색깔로 사람의 현재 상태를 파악할 수 있습니다. 이를 통해 사람이 대화에 몰입하고 있는지, 얼마나 스트레스를 받고 있는지 등을 파악할 수 있습니다.

더 나아가 사람의 말과 언어를 통해 그 사람의 정신상태를 분석할 수도 있습니다. 이는 사람의 말로 정신병을 진단할 수 있다는 것입니다. 더 나아가 치매, 당뇨병도 목소리를 통해 파악할 수 있습니다. 우리가 존재하는 공간, 기술은 이제 사람이 느끼는 것을 알 수 있습니다. 퍼피 크럼은 그래서 지금이 공감의 시대라고 말합니다. 사람의 감정과 인지 상태를 기술을 통해서 파악할 수

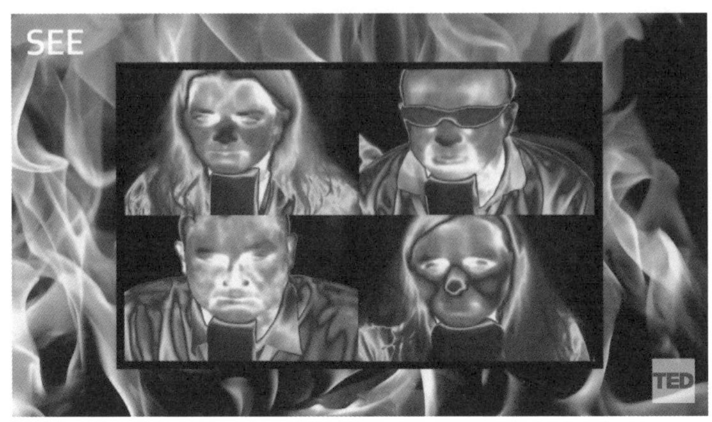

● 열화상 이미지
출처 : 퍼피 크럼 테드 강연

있는 시기가 온 것입니다.

예를 들어 겉으로는 활발한 학생이 속으로는 많은 고민을 갖고 있다면 어떨까요? 그 학생의 표정만으로는 포커페이스이기 때문에 쉽게 그 학생의 고민을 파악해서 상담할 수 없습니다. 하지만 공감의 기술empathetic technology은 이를 가능하게 합니다. 그래서 그 학생이 실제로 느끼고 있는 감정을 파악해서 학생의 고민을 미리 해결해줄 수 있을 것입니다.

물론 이를 위해서는 개인의 데이터가 공유되어야 합니다. 하지만 이때 프라이버시의 문제가 생깁니다. 온라인 데이팅 앱인 '틴더'는 한 이용자와 관련된 정보를 A4용지 800장에 달하는 개인정보를 수집했다고 합니다.

이는 그 이용자가 수집한 개인정보를 요구해서 밝혀졌습니다. 이 이용자는 자료를 통해 틴더가 얼마나 많은 정보를 실시간으로 수집하고 있었는지를 알 수 있었습니다. 그 이용자는 이 정보를 보면서 다음과 같은 말들을 했다고 합니다.*

"틴더가 가지고 있는 나의 개인정보를 보면 내가 바라는 것, 두려워하는 것, 내 성적 취향 등 가장 내밀한 비밀까지도 모두 알 수 있다."

"틴더는 나를 너무나도 잘 알았다. 틴더는 내가 567번, 568번, 569번 데이트 신청자에게 똑같은 내용의 농담을 복사해서 붙여넣기를 했다는 사실이나 새해 하루 동안 16명과 연락을 주고받았다는 사실도 알고 있었다."

공감의 기술 구현을 위해 데이터가 필요하다

지금도 수많은 SNS 업체와 기기는 사람과 관련된 데이터를 수집하고 있습니다. 하지만 우리가 실제로 활용할 수 있는 데이

* "데이트 상대부터 성적 취향까지, 데이팅 앱은 내 비밀을 낱낱이 알았다", 중앙일보, 2017. 9. 28

터는 법적인 이슈로 생각보다 많지 않습니다.

퍼피 크럼도 이를 알고 있습니다. 하지만 그녀는 우리가 서로에게 더 많은 관심을 가지기 위해서는 언제가는 이런 데이터가 공유되어야 한다고 말합니다. 그녀가 말하는 공감의 기술이 우리의 삶을 더 가치있게 만들어주기 위해서는 말입니다.

퍼피 크럼은 2019년 2월 〈포브스Forbes〉지에 '당신의 신체언어를 이해하는 AI'라는 칼럼을 기고했습니다. 그녀는 테드 강연에서 이미 말했던 것처럼 이 칼럼에서도 AI 기술이 사람의 삶을 개선시켜주고 맞춤화된 질병 치료를 가능하게 해준다고 청사진을 제시합니다.

예전에는 치매를 진단하기 위해 치매에 걸린 사람이 어떻게 말하는지를 봐야 했습니다. 하지만 기술은 사람의 말하는 패턴, 목소리 등의 데이터를 수집해 보통 사람들과 어떻게 다른지 비교분석할 수 있습니다. 더 나아가 한 개인에게 맞춰진 분석을 통해 그에 맞은 방안을 찾을 수도 있죠. 그녀의 연구는 사람의 생리적 변화를 추적합니다.

페이스북 같은 SNS 업계의 선도업체들은 이를 위해 소셜네트워킹 시스템을 활용해 개인의 삶의 변화를 예측하고, 개인이 SNS 상에 쓴 글들을 바탕으로 그 사람의 특징을 파악함으로써 앞서 살펴본 틴더 같은 데이팅 앱 관련 특허를 출원했습니다. 이런 서비스들은 결국 언젠가 데이터가 공유된다면 바로 실현될 수 있을 것입니다.

이를 위해서는 개인의 프라이버시와 새로운 서비스 이용의 기회 간의 균형이 필요합니다. 그녀가 말하려는 사람 중심의 기술이 필요한 것입니다.

AI에게 인간의 감정을 어떻게 가르칠까?

How we can teach computers to make sense of our emotions

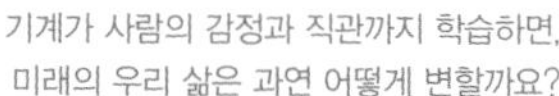

기계가 사람의 감정과 직관까지 학습하면,
미래의 우리 삶은 과연 어떻게 변할까요?

인공지능이 학습을 하는 데 있어 가장 어려운 것 중의 하나가 바로 감정일 것입니다. 정형화된 데이터는 인공지능이 사람보다 빨리 학습할 수 있습니다. 하지만 비정형화된 감정은 어렵습니다. 사람의 감정은 하나의 단어로 말하기 어렵기 때문입니다. 설사 하나의 단어로 말한다고 해도 그 밑에는 수많은 감정이 복합적으로 담겨져 있습니다.

예를 들어 감성적인 발라드를 들었을 때의 느낌을 말한다고 했을 때, '슬프다'라는 단어 하나로 말할 수 있을까요? 분명 '슬프다'는 감정 밑에는 '그립다, 아프다' 등 다수의 감정이 숨겨져 있을 것입니다. 그래서 현재 인공지능 연구가 기술에만 치우친 것일지도 모릅니다. 컴퓨터는 0과 1로 대답해야 하는데, 사람의 복잡한 감정은 컴퓨터의 사고방식으로 쉽게 해결할 수 없기 때문입니다.

인공지능의 감정 학습을 위해 예술이 필요하다

IBM의 연구원인 라파엘 아라르Raphael Arar는 인공지능 연구소에서 일하면서 사람과 기계와의 격차를 줄이는 연구를 진행중입니다. 많은 기업이 인공지능을 다양한 영역에 접목중에 있습니다. 하지만 항상 남아있는 것은 '사람의 감정을 어떻게 학습시킬 것인가'입니다.

라파엘 아라르는 테드 강연에서 컴퓨터에게 감정을 가르치기 위해 '예술'이라는 것이 필요하다고 이야기합니다. 스스로를 예술가와 디자이너라고 말하는 그는 보이지 않는 감정을 보여줄 수 있는 것이 바로 예술이라고 말합니다. 그래서 지금 기술에 치우친 인공지능에 사람의 복잡한 감정을 예술을 통해 파악하는 것이 필요하다고 강조하는 것입니다.

라파엘 아라르는 어떻게 예술로 인공지능의 문제를 해결하려고 하고 있을까요? 그는 예술을 활용해 컴퓨터의 인간적인 측면을 높이려 합니다. 예술만이 사람과 기계와의 차이를 줄여줄 수 있다고 생각하고 있죠. 그리고 그 방법을 찾아냈습니다. 구체적으로 어떤 방법일까요?

예를 들어 '향수nostalgia'라는 감정을 파악하기 위해 예술 작품 하나를 보여주고 사람들에게 묻는 것입니다. 사람이 그 예술 작품을 보고 과거의 추억을 이야기하면, 컴퓨터는 그 사람이 한 말들을 분석해 향수에 대한 점수를 측정합니다. 추억이라고 했을 때 보통 떠올리는 단어들인 '집' '유년 시절' 등의 단어들을 확인하기도 하고, 과거 시제를 사용하는 경향을 파악하기도 합니다. 이를 통해 향수에 대한 점수를 파악하는 것이죠. 이런 방법은 인간이 아이디어 도출을 위해 사진이나 그림을 활용하는 것과 비슷합니다.

그는 이러한 점수를 시각화해서 보여줄 수도 있다고 합니다. 예를 들어 향수에 대한 애정이 높을수록 점점 장밋빛을 띠는 것입니다. 이러한 기술은 음악을 분수나 색으로 표현해주는 것과 유사하다고 할 수 있습니다. 이처럼 그는 예술 작품을 통해 컴퓨터가 어떤 형태로든 인간의 감정을 표현할 수 있는 방법을 연구하고 있는 것이죠.

감정학습을 위해 교감도 중요하다

이렇게 감정을 표현하는 방법에 대한 연구도 중요하지만 기계가 사람과 어떻게 교감하는지도 중요합니다. TV에 나오는 알렉사, 집에 있는 KT의 기가지니, 애플의 시리 등의 음성인식 기기 등과 대화해본 적이 있다면 느낄 수 있을 것입니다.

사람이 하는 기본적인 말은 이해하지만 사람과 대화를 하고 있다는 느낌은 들지 않습니다. 또 사람과 하는 대화는 주제가 수시로 바뀌기도 하고 갑자기 엉뚱한 이야기가 나올 수도 있지만, 인공지능은 정형화된 틀 내에서 움직여서 그 범위를 벗어나면 대화하기 어려운 경우가 발생합니다. 그래서 라파엘 아라르가 일하고 있는 연구소에서는 정말 사람처럼 대화할 수 있는 인공지능을 개발중에 있다고 합니다.

국내에 챗봇을 도입하는 많은 기업이 있지만 텍스트 그 자체만을 이해할 뿐 맥락을 파악하는 것은 여전히 어렵습니다. 그래서 그는 스마트폰의 챗봇, 차량의 음성인식 시스템에 감정을 불어넣으려고 노력하고 있는 것이죠. 그는 봇투봇Bot to Bot이라는 대화시스템을 보여줍니다.

다음 사진을 보면 사람과의 대화와는 뭔가 다릅니다. 사람의 언어 자체에 대한 이해는 하고 있지만 감정이나 맥락에 대한 이

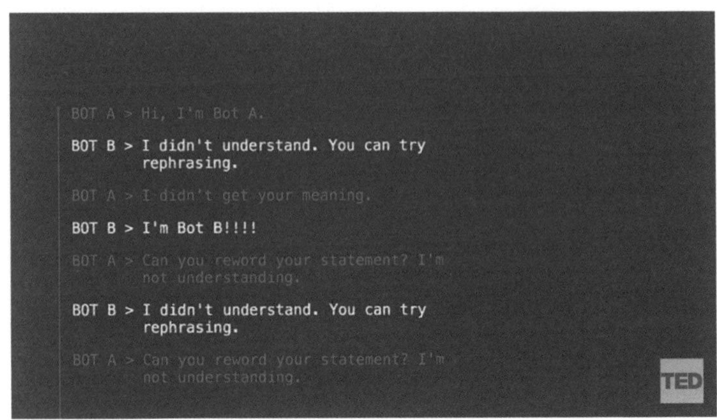

● 봇투봇 대화시스템
출처 : 라파엘 알로 테드 강연

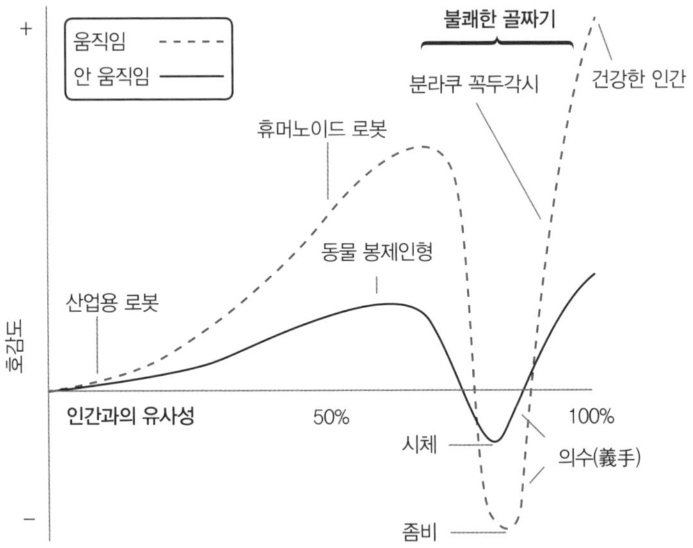

● 모리 마사히로의 불쾌한 골짜기 이론
출처 : Mori Masahiro, Bukimi no tani the uncanny valley, Energy 7(4), 1970.

해는 여전히 어렵다는 점이 보입니다.

아직은 불쾌한 골짜기uncanny valley에 가깝습니다. 불쾌한 골짜기는 모리 마사히로라는 일본의 로봇공학자가 소개한 이론으로, 로봇이 사람과 흡사해질수록 호감도는 증가하지만 일정 수준에 도달하면 오히려 로봇에 거부감을 표출한다는 이론입니다. 외모만 사람과 흡사할 뿐 사람의 본질인 감정은 이해하지 못하기 때문이죠.

인공지능이
직관도 학습할 수 있을까?

사람과 기계의 차이는 이뿐만이 아닙니다. 사람만이 가지고 있는 직관이라는 것이 존재합니다. 의사결정을 할 때 사람들은 직관적으로 결정하는 경우가 많습니다. 컴퓨터처럼 수많은 데이터를 분석해서 결정할 수 있지만 많은 부분이 직관적인 선택이 이루어지죠.

예를 들어 차를 타고 A지점에서 B지점으로 갈 때, 지금은 스마트폰의 내비게이션을 보면서 갑니다. 하지만 잘 알고 있는 길에 대해서는 직관적으로 내비게이션이 알려주는 길과 다르게 골목길로 가기도 하고, 때로는 다른 길을 찾아서 가기도 합니다. 즉

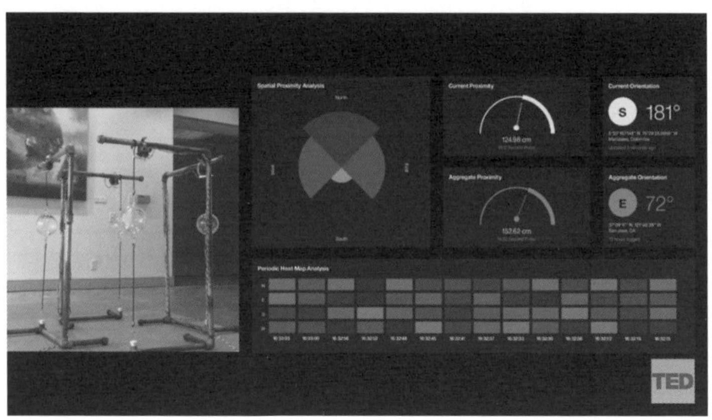

● 웨이파인딩
출처 : 라파엘 아라르 테드 강연

자신만의 경험과 노하우가 존재하는 것이죠.

라파엘 아라르는 이런 사람의 직관을 인공지능에 반영하기 위해 웨이파인딩이라는 장치를 만들었다고 합니다. 4개의 조각상에는 센서가 달려 있고, 이 센서로 수집된 데이터를 통해 조각상이 움직이는 방향과 함께 나침반의 방향이 달라집니다. 기계 스스로 수집된 데이터를 통해 알아서 그 방향이 바뀌는 것이죠. 사람의 경험이 직관으로 나오는 것처럼 말이죠. 인공지능은 이처럼 계속 진화하고 있습니다. 단지 기술적인 측면을 넘어서 말입니다.

그의 연구내용을 보다 보면 인공지능이 언젠가는 사람의 모든 것을 다 학습할 것 같다는 생각을 하게 됩니다. 분석적인 기계가 사람의 감정, 직관까지 학습해서 사람처럼 구현할 수 있다면, 미

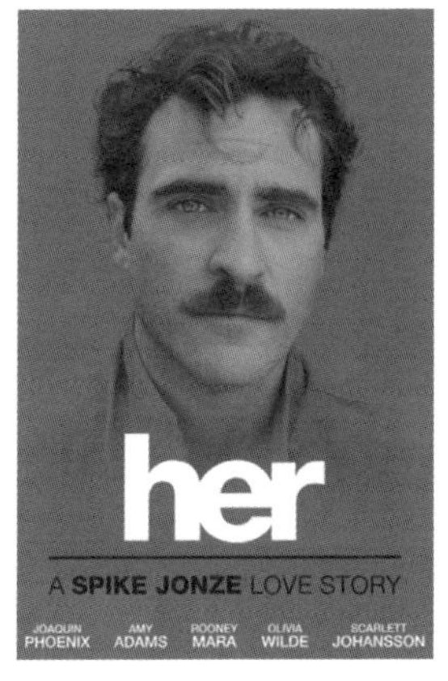

● 영화 〈그녀Her〉 포스터

래의 삶은 어떻게 변할까요?

영화 〈그녀Her〉의 주인공 '테오도르'처럼 인공지능 운영시스템 '사만다'와 사랑에 빠지는 일이 가능할까요? 만약 라파엘 아라르가 하고 있는 지금의 연구가 더 발전된다면, 우리는 영화보다 더 영화 같은 세상을 살게 되지 않을까요? 영화에서 사만다가 한 말은 인공지능 기술을 다시 생각해보게 만듭니다.

"인간이 느낄 수 있는 감정은
이미 다 느꼈지 싶어.
그럼 새로운 느낌 없이 덤덤히 사는 거지.
이미 다 느껴봐서 시큰둥할 뿐."

기술은 인문학을 필요로 한다

Why tech needs the humanities

인문학은 맥락을 이해하는 데 도움을 줍니다.
인문학은 우리 사고의 폭을 한층 넓혀줍니다.

CEO 강좌를 보다 보면 인문학 연계 강좌들이 많습니다. 한때 인문학 열풍이 지나간 뒤에도 인문학은 여전이 CEO들에게 인기가 많습니다. 왜 그럴까요? 저는 인문학이 사람들에게 새로운 관점과 사고방식을 학습하게 해주기 때문이라고 생각합니다.

피카소, 뒤샹, 르네 마그리트 등의 작품을 보면서 고정관념을 탈피하는 법을 배웁니다. 르네 마그리트의 〈인간의 조건〉이라는 작품을 인터넷에서 찾아보면, 이 사실을 바로 알 수 있습니다. 이 그림 속의 그림은 우리가 어떻게 현상을 재정의할 수 있는지를 잘 보여줍니다.

또한 동서양 고전에서는 리더십, 인간관계 등을 배울 수 있습니다. 이뿐일까요? 시를 통해서는 은유를 배우며 제품의 컨셉과 이미지를 고민할 수 있습니다.

이처럼 인문학의 다양한 재료를 통해 인간의 본질에서부터 새로운 생각을 창출하는 법을 배울 수 있습니다. 특히 R&D, IT 등 기술에만 집중하는 환경에 처한 사람들에게 인문학은 새로운 것을 창출하는 원천이기도 합니다.

인문학이
문제해결의 원천이 되다

IMB의 세일즈포스의 전략적 파트너인 블루울프Bluewolf의 CEO인 에릭 베리지Eric Berridge는 "기술에 인문학이 필요하다"고 테드 강연에서 이야기합니다. 그는 고객사와의 문제를 해결할 수 없었을 때, 인문학 전공자를 보내 문제를 원만하게 해결했던 경험을 이야기합니다.

또한 프로그래밍 스킬이 문제였던 주제를 '무엇을 만들고 왜 만들어야 하는가'로 주제를 바꾸었습니다. 이를 통해 문제를 재정의하고 새로운 프로그래밍 방법을 찾아냈다고 합니다.

이런 사례는 많은 회사가 원하는 형태입니다. 문제를 새로운 시각으로 접근함으로써 기존에 생각하지 못했던 방식으로 해결하는 것이죠.

에릭 베리지도 이런 경험이 한 번으로 끝나는 것이 아니라 회사 내에서 지속적으로 이루어질 원했습니다. 그래서 자신의 회사의 주력 사업에 필요한 컴퓨터과학이나 공학전공자 외에도 예술가, 음악가, 작가 등 다양한 분야의 사람들을 채용하기 시작했습니다. 그러자 앞서 경험했던 문제에 대한 관점 재정의가 일어나기 시작했습니다.

그의 회사의 CTO는 공학전공자가 아닌 영문학전공자라고 합니다. 글로벌 소프트웨어 회사의 CTO가 영문학전공자라는 것은 쉽게 이해되지 않습니다. 하지만 새로운 경험과 혁신을 통해 회사의 직원은 1천 명 가까이 되었고, 매출은 100억 달러라고 합니다. 새로운 실험이 회사의 성장을 촉진시킨 것이죠.

기술 중심의 많은 회사 대부분이 해당 분야의 전공자들로 인력을 구성합니다. 어찌 보면 당연한 것입니다. 하지만 문제를 해결하는 데 있어 새로운 틀을 만드는 것은 꼭 관련 분야의 전공자가 아니어도 가능합니다. 전공자가 아니어도 문제를 바라보는 관점이나 질문을 통해 해당 문제를 해결할 수 있도록 도와줄 수 있습니다.

인문학이 STEM보다 중요한 이유

한때 STEM이 유행했던 적이 있습니다. STEM은 과학Science, 기술Technology, 공학Engineering, 수학Math을 뜻합니다. 우리 주변에서도 볼 수 있듯이 기술은 지금 사회를 주도하고 있습니다. STEM의 강조는 당연한 것입니다.

에릭 베리지가 살고 있는 미국에서도 STEM을 강조해 이와 관련된 전공자는 43%까지 증가했다고 합니다. 하지만 그는 앞선 경험을 통해 인문학도 중요하다고 말합니다. 사실 한국도 인문학 전공자가 설 자리가 없어지고 있죠.

그는 분명 글로벌 Top 기업들이 기술 중심 기업이라는 것을 알고 있습니다. 그래서 관련 분야의 전공인력들이 중요한 것은 사실입니다. 하지만 그는 이런 현상이 조금 과대평가되어 있다고 합니다. 스포츠에도 각각의 포지션이 존재하는데 한쪽으로만 너무 쏠리고 있다는 것입니다.

에릭 베리지 또한 기술 중심 회사에 몸담고 있음에도 불구하고, 왜 STEM만큼이나 인문학이 중요하다고 말하는 것일까요? 그는 크게 2가지 정도의 이유를 이야기합니다.

첫 번째로 기술 자체가 과거 대비 배우기 쉽기 때문입니다. 에릭 베리지는 이를 직관적이라는 말로 표현합니다. 과거에는 프로

그래밍 언어를 배우는 데 많은 시간이 걸렸습니다. 하지만 지금은 어떨까요? 초등학생도 쉽게 프로그래밍을 할 수 있는 툴들이 나왔습니다.

물론 아직도 일반인이 기술을 배운다는 것은 쉬운 일은 아닙니다. 하지만 과거에 비해 일반인도 배울 수 있는 기반이 마련되어 있습니다.

두 번째로 기술이 중요함에도 결국 모든 일은 사람과 함께 진행되기 때문입니다. 모든 기술자는 고객이 원하는 산출물을 도출하려고 노력합니다. 하지만 잘못된 문제에 집중한다면 어떻게 될까요? 아무리 좋은 기술을 가졌다고 해도 원하는 산출물을 만들기 쉽지 않을 것입니다.

에릭 베리지가 앞서 경험했던 인문학 전공자의 사례가 이를 대변해줍니다. 즉 사람들이 자신이 원하는 것을 정확하게 표현하지 못하는 의사소통의 이슈가 발생합니다. 이때 좋은 기술을 가지고 있다고 하더라도 본질을 파악하지 못합니다. 인문학은 이런 점에서 중요한 것이죠.

'Why'에 대한 중요성은 사실 모든 일에 있어 중요함에도 불구하고 말이죠. 물론 기술과 인문 모두 중요하고 어렵습니다. 그렇기 때문에 균형을 찾는 것이 중요합니다.

맥락적 사고를 하는 데 도움을 주는 인문학

그는 인문학이 맥락을 이해하는 데 도움을 준다고 말합니다. 사실 모든 일을 이해함에 있어 맥락을 파악하는 것이 중요합니다. 맥락을 통해 문제의 본질을 파악하고 어떻게 접근할지를 고민해야 합니다.

인문학은 기술처럼 정형화된 형태가 있지 않지만 정형화되어 있지 않기 때문에 사람들의 사고의 폭을 넓혀주고, 맥락을 이해하는 데 도움을 줍니다. 에릭 베리지는 인문학이 어떤 일을 설득할 때 도움을 주고, 우리가 가지고 있는 감정을 사고와 행동으로 연결될 수 있는 언어를 제공합니다.

한국에서도 인문학의 중요성이 높아지고 있는데, 그 이유는 에릭 베리지가 말한 이유 때문이지 않을까요? 인공지능, 빅데이터, 5G, VR 등 다양한 4차 산업혁명 관련 기술들이 우리 주위를 맴돌고 있습니다. 그럼에도 인문학을 강조하는 이유는 기술과 인문학이 같이 가야 지금보다 더 나은 세상을 창조할 수 있다는 생각이 있어서 그렇지 않을까요?

결국 맥락을 이해해야 새로운 기술을 어디에 어떻게 적용할 수 있는지 알 수 있습니다. 데이터를 분석해도 맥락을 알아야 데이터가 가지는 의미를 알 수 있는 것처럼 말이죠.

구글, 애플, 페이스북 등 우리가 잘 알고 있는 글로벌 기업들은 기술 인력도 채용하지만 다양한 분야의 인력을 채용하고 있습니다. 이런 다양성이 그 회사의 지속성을 높입니다. 다양한 배경을 가진 사람들이 한 회사를 이끌어가는 것입니다. 에릭 베리지는 기술이 쉽고 편해지고 있기 때문에 자신이 잘하는 것에 집중하는 것이 중요하다고 합니다.

여행 혁명을 만들 자율비행택시가 온다

How autonomous flying taxis could change the way you travel

개인용 비행기를 통해 가고 싶은 곳으로 언제든지 빠르게 곧 갈 수 있게 됩니다.

어렸을 적에 장난감 헬리콥터를 날리며 직접 조종을 해보고 싶었습니다. 하지만 직접 조종할 수 있는 헬리콥터는 가격이 너무 비싸 작은 자동차 장난감만 가지고 놀았습니다. 그런데 어렸을 적의 이런 작은 헬리콥터들이 이제는 일상의 문제를 해결하고 있습니다. 물론 그때의 장난감 같은 수준은 아닙니다.

현재 드론이라고 불리는 무인기는 농촌에서는 농약을 살포하고, 물품을 배송하고, 사람이 가기 어렵거나 위험한 지역을 관리하는 데 활용되고 있습니다. 정부는 4차 산업혁명 시대의 대표적인 산업으로 드론 산업을 선정해 육성하고 있습니다.

이뿐일까요? 드론에서 더 나아가 자율비행기까지 등장하며 하늘길은 새로운 서비스의 장이 되고 있습니다. 그렇다면 미래의 하늘길은 어떻게 변화될까요?

미래의 교통수단이 될 자율주행비행기

항공우주공학을 전공하고 비행기 전문가인 로딘 리아조프Rodin Lyasoff는 테드 강연에서 미래의 교통수단으로 자율비행택시를 말합니다. 미래의 교통수단을 상상하면, SF 소설에 나오는 하늘을 나는 자동차를 떠올립니다. 몇 십 년 전부터 영화 속에서 나왔던 하늘을 나는 자동차. 몇 년 전만 해도 상상에 가까웠던 것들이 이제는 현실이 되고 있습니다.

로딘 리아조프는 항공 교통이 현재의 붐비는 도로 상황의 훌륭한 대안이 될 것이라고 말합니다. 도로는 수많은 자동차로 가득 차 있습니다. 이런 상황에 새로운 도로를 만들면 지금의 교통 정체가 해결될 수 있을까요? 혹은 교통 상황에 따른 새로운 길을 알려주는 최적화된 솔루션이 좋은 대안이 될 수 있을까요? 이미 지금도 이런 대안을 활용하고 있지만 여전히 도로는 정체되어 있습니다. 이런 상황에서 로딘 리아조프는 시야를 넓혀 자동차가 하늘을 난다면 지금보다 나을 수 있다고 말합니다.

그는 수직이착륙비행기를 이야기합니다. 출발지점에서 수직이착륙비행기를 타고 도착지점으로 가는 것입니다. 공유경제를 이끄는 우버 같은 업체가 이런 서비스를 제공한다면 어떨까요? 사람들은 2시간 거리를 불과 30분 만에 갈 수 있습니다. 시내에 밀집된 수많은 자동차를 벗어나 하늘로 편안하게 가는 것이죠.

물론 그가 말했듯이 사실 지금 당장은 실현되기 어렵습니다. 법적인 측면, 비용적인 측면 등 다양한 이슈들이 존재하죠. 하지만 그는 미래의 교통수단으로 전기 비행기와 자율주행기술은 이런 이슈들을 해결할 수 있는 대안이라 말합니다.

완전자동화된 자율주행비행기, 바하나

전기 비행기를 상상해보세요. 그는 전기비행기는 미래의 교통수단이 될 수 있다고 말합니다. 소리도 안 나고 안정성도 겸하고 있기 때문입니다. 그가 재직하고 있는 A[3]는 이를 검증하고자 시

● 완전자동화된 자율주행비행기, 바하나
출처 : 로딘 리아조프 테드 강연

제품을 만들어 테스트도 해봤다고 합니다.

바하나Vahana라는 이 비행기는 수직으로 이착륙하고 앞으로도 갈 수 있습니다. 완전자동화된 비행기로 버튼을 누르면 혼자서 이착륙을 할 수 있고, 한 명 정도 탈 수 있다고 합니다. 15분 동안

약 20마일을 갈 수 있습니다.

그는 이 비행기가 40달러 정도의 교통비로 사업성도 충분하다고 말합니다. 모터와 배터리도 여분이 존재하기 때문에 안전성도 있고 조용하기도 하죠. 이슈가 될 수 있는 배터리도 지속성이 높고, 배터리 교체도 몇 분밖에 걸리지 않는다고 합니다.

그는 미래의 항공이 개인화될 것이라고 말하는데, 그 시기가 이제 얼마 남지 않은 것 같습니다. 쉽게 변하지 않을 항공이란 것이 이제는 가속화될 것으로 보입니다.

도로뿐만 아니라
하늘에도 자율비행택시

도로에 택시가 있다면 이제는 하늘에도 택시가 존재할 것입니다. 기술이 더 발달하면 운전사가 필요 없는 자율비행택시가 상용화될 수도 있습니다.

단지 그가 일하고 있는 A^3라는 회사뿐만 아니라 다른 회사들도 이런 상상을 하고 기술을 개발중입니다. 이게 실현되면 이제 택시정류장이 아닌 수직이착륙비행장이 도로 곳곳에 생기고, 사람들은 비행기를 타며 빠르게 여행을 할 수 있을 것입니다.

보잉사는 2019년 1월 자율비행택시의 첫 시험 비행을 성공했

회사	이름	상황
에어버스	바하나	실리콘밸리에서 시험비행 성공
우버	우버엘리베이트	두바이에서 시험비행 승인, NASA와 협력 계약 체결
볼로콥터	2X	CES 2018에서 인텔과 시연, 5년 내 상용화 목표
벨헬리콥터	에어택시	CES 2018에서 전시
키티호크	플라이어	래리 페이지 투자, 지난해 시험비행 성공
조비에비에이션	미정	도요타, 인텔, 제트블루 등으로부터 1억달러 투자 유치

● 자율비행택시 개발 업체 현황
출처 : "성큼 다가온 '자율 비행택시'… 에어버스 등 19개 업체 경쟁", 매일경제, 2018. 2. 5.

● 보잉사의 자율비행택시 시험 비행
출처 : www.boeing.com

습니다. 보잉사는 2017년 오로라플라이트라는 무인자율비행 업체를 인수하고, 2018년 보잉 넥스트Boeing Next라는 부서를 신설했습니다. 우버는 2023년까지 자율비행택시를 상용화하겠다는 목표를 가지고 있습니다. 이처럼 글로벌 업체들은 미래의 교통수단인 자율비행택시 시장을 선점하기 위한 노력들을 하고 있습니다.

여행 혁명을 위한 준비가 필요하다

로딘 라이조프는 이런 자율비행택시의 가격을 40달러 정도가 되도록 하는 것이 목표라고 합니다. 이를 상용화하기 위해서는 기술적 이슈도 중요하지만 제도적 이슈가 중요하다고 말합니다. 기술은 짧은 시간 내에 이를 상용화할 수 있을 수준에 도달할 것입니다. 그리고 이를 실현시켜 주기 위한 가장 좋은 방법은 규모의 경제를 실현시키기 위한 공유 플랫폼이라고 합니다. 문제는 '지금의 교통 법규가 이를 반영해주는가'입니다. 단순히 하나의 법이 바뀐다고 되는 것이 아니기 때문입니다.

어찌되었든 이런 자율비행택시는 이제 영화 속에서만 볼 수 있을 거란 상상은 할 필요가 없어질 것입니다. 아마존이 드론으로 택배 서비스를 제공하듯이 이제 사람이 개인용 비행기를 통해 자신이 가고 싶은 곳으로 언제든지 빠르게 갈 수 있는 서비스가 곧 다가올 것입니다. 로딘 리아조프는 그 시기가 이제 몇 년 남지 않았다고 합니다.

테드에서 떠올린 생각

기술은 미래를 어떻게 만들까?

기술은 분명 끊임없이 발달할 것입니다. 우리에게 중요한 것은 이런 기술이 우리의 삶에 어떤 영향을 미칠 것인지가 더 중요합니다. 긍정과 부정을 떠나 기술 자체가 삶을 어떻게 변화시킬 수 있는지를 고민해보는 시간이 필요합니다. 그리고 사람은 기술의 변화를 빠르게 수용하면서 새로운 환경에 대응해야 합니다. 기술 간 융합은 새로운 역량을 요구하고 예상치 못한 새로운 환경을 만듭니다. 다음 질문을 통해 앞으로 기술이 여러분의 삶을 어떻게 변화시키고 어떤 미래를 만들지 생각해보기 바랍니다.

1. [진화] 앞으로 기술은 얼마나 빠르게 변할까요?

2. [사람] 파괴적 기술 혁신은 사람에게 어떤 영향을 미칠까요?

3. [융합] 인문과 기술의 융합은 기술의 발전에 어떤 영향을 미칠까요?

4. [사람] 기술 혁신은 미래 우리의 삶을 어떻게 변화시킬까요?

마법 같은 삶을 만드는 유용한 공부, 테드

마르셀 뒤샹의 〈샘〉이란 미술 작품이 있습니다. 이 작품을 보면 '이게 왜 작품이지'라는 생각이 듭니다. 직접 만든 것도 아니고, 남성용 소변기에 이름만 붙여놨기 때문입니다. 이 작품으로 그는 기존 미술에 일대 혁신을 일으켰고 '레디메이드Ready-Made'라는 새로운 개념까지 만들어냈습니다.

남성용 소변기를 '샘'으로 재정의한 그의 통찰은 지금 봐도 혁신적입니다. '과연 나는 그 시대의 생각 속에서 저런 생각을 끄집어낼 수 있었을까? 혹은 알고 있더라도 시도를 해볼 수 있었을까'라는 생각이 듭니다.

마르셀 뒤샹의 경우처럼, 멋진 작품을 꼭 누군가가 완전히 새롭게 만들어야 하는 것은 아닙니다. 주변에 있는 것들을 나만의 시각으로만 봐도 그 자체로 하나의 가치있는 작품이 만들어질 수 있는 것입니다.

사실 지금 우리가 배우는 지식들은 너무나 빠르게 변하고 있고, 3년 후나 5년 후에는 필요가 없어질지 모릅니다. 그런 관점에서 지식 습득보다 그 지식이 어떤 의미를 가지고 있고 본질이 무엇인지를 보는 것이 필요합니다. 이때 중요한 것은 어떤 대상을 다르게 바라보려는 관점의 습득입니다.

제가 대학교와 대학원 때 배웠던 지식들은 시대환경이 변하면서 일상에서 활용할 수 있는 것이 많지 않습니다. 하지만 지식을 바라봤던 관점은 일상에서도 여전히 유용합니다. 철학이 일상에 그리 많은 도움이 되지는 않지만 사실 철학의 원리가 모든 삶에 적용되고 있는 것처럼 말이죠.

저는 이 책의 프롤로그에서 "이 책을 통해 여러분이 여러분만의 시각을 가지고 나만의 지식공유플랫폼을 만들어봤으면 좋겠다"라고 말했습니다. 이 책을 다 읽은 지금, 여러분은 어떤 시각을 가지게 되었나요?

"기존에 가지고 있던 시각이 아닌
새로운 시각을 가지게 되었나요?
조금이라도 '변화'라는 것에 대해 생각해보게 되었나요?"

테드의 수많은 아이디어는 누군가를 변화시킵니다. 그리고 그 변화는 마법과도 같을지 모릅니다.

저는 테드 강연을 통해 여러분의 삶이 마법처럼 바뀌었으면 좋겠습니다. 그리고 그 시작은 테드 강연자의 삶과 지식을 여러분의 관점에서 다시 바라보는 것에서 비롯되길 바랍니다. 마르셀 뒤샹이 그랬던 것처럼 말이죠.

저 또한 이 책을 집필하면서 제가 알고 있는 것 이상의 다양한 생각들을 알게 되었고, 저의 시각으로 새롭게 보려고 노력하고 있습니다. 그리고 저 또한 다음과 같은 질문에 스스로 답해보고 있습니다.

"여러분에게 삶은 어떤 의미가 있나요?"
"여러분이 생각하는 리더의 모습은 무엇인가요?"
"여러분은 경영을 할 때, 무엇에 집중해야 한다고 생각하나요?"
"여러분에게 기술은 어떤 의미로 다가오나요?"

위의 4가지 질문에 구체적이고 장황한 대답을 할 필요는 없습니다. 테드를 통한 공부는 내가 바라보는 관점이 무엇인가가 중요합니다. 그게 한 단어라도 상관없습니다. 테드를 통한 공부는 어쩌면 '나'를 공부하는 것인지도 모릅니다.

만약 여러분이 마법 같은 삶을 원한다면, 남과 다른 모습을 원한다면, 오늘부터라도 테드 강연을 꾸준히 보면 좋겠습니다. 테드 강연을 보고 생각해보는 오늘의 작은 한 걸음이 여러분의 마법 같은 삶이 실현되는 신호탄이 되길 바랍니다. 이 책이 누군가가 가지 않은 길이 되어 여러분의 삶이 바뀌길 기대해봅니다.

미국의 유명한 시인인 로버트 프로스트의 〈가지 않은 길 The Road Not Taken〉(피천득 역)이란 시를 소개하며 이 책을 마칩니다.

노란 숲 속에 길이 두 갈래로 났었습니다.
나는 두 길을 다 가지 못하는 것을 안타깝게 생각하면서,
오랫동안 서서 한 길이 굽어 꺾여 내려간 데까지,
바라다볼 수 있는 데까지 멀리 바라다보았습니다.

그리고 똑같이 아름다운 다른 길을 택했습니다.
그 길에는 풀이 더 있고 사람이 걸은 자취가 적어,
아마 더 걸어야 될 길이라고 나는 생각했었던 게지요.
그 길을 걸으므로, 그 길도 거의 같아질 것이지만.

그 날 아침 두 길에는
낙엽을 밟은 자취는 없었습니다.
아, 나는 다음 날을 위하여 한 길은 남겨 두었습니다.

길은 길에 연하여 끝없으므로
내가 다시 돌아올 것을 의심하면서….

훗날에 훗날에 나는 어디선가
한숨을 쉬며 이야기할 것입니다.
숲 속에 두 갈래 길이 있었다고,
나는 사람이 적게 간 길을 택하였다고,
그리고 그것 때문에 모든 것이 달라졌다고.

▶ 참고 문헌

■ 책

나가마쓰 시게히사 지음, 김윤수 옮김, 『왜 나는 이 사람을 따르는가』, 다산3.0, 2016.

데이비드 로버트슨·빌 브린 지음, 김태훈 옮김, 『레고 어떻게 무너진 블록을 다시 쌓았나』, 해냄, 2016.

로버트 치알디니 지음, 김경일 옮김, 『초전 설득』, 21세기북스, 2018.

리즈 와이즈먼·그렉 맥커운 지음, 최정인 옮김, 『멀티플라이어』, 한국경제신문, 2012.

마틴 셀리그만 지음, 김인자·우문식 옮김, 『마틴 셀리그만의 긍정심리학』, 물푸레, 2014.

모튼 한센 지음, 이장원 옮김, 『COLLABORATION 협업』, 교보문고, 2011.

미첼 쿠지·엘리자베스 홀로웨이 지음, 서종기 옮김, 『썩은 사과』, 예문, 2011.

미하이 칙센트미하이 지음, 이희재 옮김, 『몰입의 즐거움』, 해냄출판사, 2010.

사이먼 사이넥 지음, 이영민 옮김, 『나는 왜 이 일을 하는가?』, 타임비즈, 2013.

스티븐 코비 지음, 김경섭·정병창 옮김, 『신뢰의 속도』, 김영사, 2009.

에드 캣멀·에이미 월러스 지음, 윤태경 옮김, 『창의성을 지휘하라』, 와이즈베리, 2014.

에릭 리스 지음, 이창수·송우일 옮김, 『린 스타트업』, 인사이트, 2012.

존 코터 지음, 유영만·류현 옮김, 『존 코터의 위기감을 높여라』, 김영사, 2009.

짐 콜린스 지음, 김명철 옮김, 『위대한 기업은 다 어디로 갔을까』, 김영사, 2010.

짐 콜린스 지음, 이무열 옮김, 『좋은 기업을 넘어 위대한 기업으로』, 김영사, 2005.

캐롤라인 애덤스 밀러·마이클 프리슈 지음, 우문식·박선령 옮김, 『어떻게 인생목표를 이룰까?』, 물푸레, 2012.

크리스토퍼 차브리스·대니얼 사이먼스 지음, 김명철 옮김, 『보이지 않는 고릴라』, 김영사, 2011.
톰 켈리·데이비드 켈리 지음, 박종성 옮김, 『유쾌한 크리에이티브』, 청림출판, 2014.
피에르 쌍소 지음, 강주헌 옮김, 『느리게 사는 것의 의미』, 공명, 2014.
Ray Kurzweil, 『The Singularity Is Near』, Penguin Books, 2006.

■ 논문 및 기타

Donald Sull, *Why Good Companies Go Bad,* Harvard Business Review 77(4), 1999.
James March, *Exploration and Exploitation in Organizational Learning*, Organization Science 2(1), 1991.
Larry Downes, Paul Nunes, *Big-Bang Disruption*, Harvard Business Review 91(3), 2013.
Leslie Perlow, *Manage your team's collective time,* Harvard Business Review 92(6), 2014.
Leslie Perlow, Jessica Porter, *Making time off predictable-and required*, Harvard Business Review 87(10), 2009.
Mori Masahiro, Bukimi no tani the uncanny valley, Energy 7(4), 1970.
Roselinde Torres, Peter Tollman, *Debunking the Myths of the First 100 Days: The Right Way and the Wrong Way for New CEOs to Approach Their Role*, Boston Consulting Group, 2013.
Yves Morieux, *Smart rules: six ways to get people to solve problems without you*, Harvard Business Review 89(9), 2011.
김건우, '인공지능에 의한 일자리 위험 진단', LG경제연구원, 2018.
박준하, '자기 완결형 성과주의의 실천: 日 교세라 그룹의 아메바 조직을 중심으로', 포스코경영연구원, 2016.
"데이트 상대부터 성적 취향까지, 데이팅 앱은 내 비밀을 낱낱이 알았다", 중앙일보, 2017. 9. 28.
"성큼 다가온 '자율 비행택시'··· 에어버스 등 19개 업체 경쟁", 매일경제, 2018. 2. 5.

■ 독자 여러분의 소중한 원고를 기다립니다

메이트북스는 독자 여러분의 소중한 원고를 기다리고 있습니다. 집필을 끝냈거나 집필중인 원고가 있으신 분은 khg0109@hanmail.net으로 원고의 간단한 기획의도와 개요, 연락처 등과 함께 보내주시면 최대한 빨리 검토한 후에 연락드리겠습니다. 머뭇거리지 마시고 언제라도 메이트북스의 문을 두드리시면 반갑게 맞이하겠습니다.

■ 메이트북스 SNS는 보물창고입니다

메이트북스 홈페이지 www.matebooks.co.kr

책에 대한 칼럼 및 신간정보, 베스트셀러 및 스테디셀러 정보뿐만 아니라 저자의 인터뷰 및 책 소개 동영상을 보실 수 있습니다.

메이트북스 유튜브 bit.ly/2qXrcUb

활발하게 업로드되는 저자의 인터뷰, 책 소개 동영상을 통해 책에서는 접할 수 없었던 입체적인 정보들을 경험하실 수 있습니다.

메이트북스 블로그 blog.naver.com/1n1media

1분 전문가 칼럼, 화제의 책, 화제의 동영상 등 독자 여러분을 위해 다양한 콘텐츠를 매일 올리고 있습니다.

메이트북스 네이버 포스트 post.naver.com/1n1media

도서 내용을 재구성해 만든 블로그형, 카드뉴스형 포스트를 통해 유익하고 통찰력 있는 정보들을 경험하실 수 있습니다.

메이트북스 인스타그램 instagram.com/matebooks2

신간정보와 책 내용을 재구성한 카드뉴스, 동영상이 가득합니다. 각종 도서 이벤트들을 진행하니 많은 참여 바랍니다.

메이트북스 페이스북 facebook.com/matebooks

신간정보와 책 내용을 재구성한 카드뉴스, 동영상이 가득합니다. 팔로우를 하시면 편하게 글들을 받으실 수 있습니다.

STEP 1. 네이버 검색창 옆의 카메라 모양 아이콘을 누르세요. STEP 2. 스마트렌즈를 통해 각 QR코드를 스캔하시면 됩니다. STEP 3. 팝업창을 누르시면 메이트북스의 SNS가 나옵니다.